Positividade Tóxica

Positividade Tóxica
Positividade Tóxica
Positividade Tóxica
Positividade Tóxica
Positividade Tóxica
Positividade Tóxica
Positividade Tóxica
Positividade Tóxica

Ser autêntico em um mundo obcecado pela felicidade

Whitney Goodman {@sitwithwhit}

Tradução de Tássia Carvalho

Editora Melhoramentos

Dados Internacionais de Catalogação na Publicação (CIP)
(Câmara Brasileira do Livro, SP, Brasil)

Goodman, Whitney
  Positividade tóxica / Whitney Goodman; tradução Tássia Carvalho. – São Paulo: Editora Melhoramentos, 2022.

  Título original: Toxic positivity
  ISBN: 978-65-5539-393-4

  1. Autoajuda 2. Autorrealização (Psicologia) 3. Bem-estar 4. Desenvolvimento pessoal 5. Felicidade I. Título.

22-103386   CDD-158

Índices para catálogo sistemático:
1. Felicidade: Psicologia 158

Cibele Maria Dias – Bibliotecária – CRB-8/9427

Copyright © 2022 Whitney Goodman.
Todos os direitos reservados.

Tradução de © Tássia Carvalho
Preparação de texto: Sandra Pina
Revisão: Patrícia Santana e Mônica Reis
Projeto gráfico: Carla Almeida Freire
Adaptação de capa e diagramação: Bruno Santos

Direitos de publicação:
© 2022 Editora Melhoramentos Ltda.
Todos os direitos reservados.

1.ª edição, maio de 2022
ISBN: 978-65-5539-393-4

Atendimento ao consumidor:
Caixa Postal 729 – CEP 01031-970
São Paulo – SP – Brasil
Tel.: (11) 3874-0880
sac@melhoramentos.com.br
www.editoramelhoramentos.com.br

Siga a Editora Melhoramentos nas redes sociais:
 /editoramelhoramentos

Impresso no Brasil

Para meu marido
Na alegria e na tristeza, escolho você

Sumário

INTRODUÇÃO: Você merece mais do que *good vibes* 9
CAPÍTULO 1: O que é positividade tóxica? 15
CAPÍTULO 2: Por que a positividade nem sempre funciona 45
CAPÍTULO 3: Quando a positividade não ajuda 66
CAPÍTULO 4: Dar um basta na vergonha 89
CAPÍTULO 5: Como processar uma emoção 114
CAPÍTULO 6: Como reclamar com eficácia 134
CAPÍTULO 7: Como apoiar alguém 151
CAPÍTULO 8: Discriminar com um sorriso 177
CAPÍTULO 9: Como encontrar realização em um mundo tão complicado 197

AGRADECIMENTOS 213
LEITURAS RECOMENDADAS 217
REFERÊNCIAS 219

INTRODUÇÃO

Você merece mais do que *good vibes*

Aposto que existem três razões possíveis pelas quais você escolheu este livro:

1. Tem sido afetado pela positividade tóxica e já está cansado disso.
2. Desconhece o significado de positividade tóxica, mas está intrigado.
3. Não tem ideia de como a positividade *pode* ser tóxica, e está determinado a descobrir que blasfêmia falo neste livro.

Não importa a razão, estou muito feliz que esteja aqui.

Como muitos aspirantes a terapeuta, entrei na área por motivos que não entendia muito bem na época. Eu sabia que gostava de ajudar gente e estava obcecada em aprender as histórias delas. Porém, mais tarde, descobriria (com a ajuda de meu terapeuta) que o meu norte era a noção de que, se eu aprendesse tudo sobre relacionamentos e psique humana, conseguiria ajustar todos a quem amava e nunca mais sentiria dor. Colegas terapeutas e futuros terapeutas, sei que vocês me trouxeram aqui.

Então, comecei a trabalhar surpresa e delirante, fechada e endurecida. Queria que meus clientes fossem vulneráveis sem precisar ser eu mesma. Achava que iria ajustar as pessoas, mas ninguém precisava de ajustes;

desejavam ser ouvidos e apoiados. Achava que seria a falante sabe-tudo, mas sou a ouvinte. Achava que entenderia a mim mesma e ao mundo, mas agora carrego mais questionamentos. Pensava que mudaria todos ao meu redor, mas descobri que a única pessoa que conseguiria mudar era eu mesma. Minhas motivações para atuar na área podem ter sido equivocadas, mas, uau, estou feliz aqui.

Adoro ser terapeuta e sempre me senti um pouco inexperiente entre os meus colegas. Nunca fui uma terapeuta do tipo ioga, que toma chá e medita. Meu tom de voz é alto, não uso cardigãs e odeio todas as citações "inspiradoras" espalhadas pelas paredes. Tentei agir com mais leveza. Tentei recorrer a afirmações e intervenções que lhe dizem para "entrar em contato com sua criança interior e demonstrar amor". Mas não consegui. É assim que me sinto lendo a maioria dos livros de autoajuda e de psicologia por aí, todos tão leves e gentis. Quero alguém que me diga como é viver isso e que seja sincero. Enfrentei uma crisezinha de identidade como novata no campo terapêutico, mas, quando comecei a postar meus pensamentos no Instagram como @sitwithwhit, percebi que havia valor em como eu queria me expor.

Em 1.º de fevereiro de 2019, navegando no Pinterest, vi inúmeras citações "inspiradoras" e de autoajuda sendo compartilhadas milhares de vezes. As cores brilhantes e as estapafúrdias fontes escolhidas para as letras me irritaram. Eu me senti rejeitada e preocupada com qualquer um que pudesse ver aquilo, estando em um momento de fragilidade. Iniciei um mural no Pinterest de citações de "felicidade" e "inspiração" que me incomodavam e continuei coletando-as por anos. (Na verdade, o mural inspirou a capa deste livro.) No mesmo dia, compartilhei um de meus primeiros murais no Instagram, no qual listei algumas dessas citações do Pinterest, referindo-me a elas como "positividade tóxica" e apresentando algumas afirmações alternativas que, segundo meu ponto de vista, ofereciam mais validação e esperança. Este foi meu primeiro post "viral", que multiplicou meus poucos seguidores. Fiquei chocada não só com a quantidade de pessoas que concordou com minha perspectiva, mas também com a repercussão do termo *positividade tóxica*. Foi também a primeira vez que lidei com significativas críticas e reações negativas on-line de gente que discordava da minha perspectiva. Mesmo assim, segui em frente criando posts de positividade tóxica sobre luto, racismo e outros assuntos importantes nos últimos anos, os quais até hoje constituem algumas das minhas postagens mais populares e polêmicas. Eu sabia que estava no caminho certo, mas nunca nem sequer imaginei o quanto o tema impactaria outras pessoas.

Conheço positividade tóxica há muito tempo, mas não a havia nomeado. Ela estava em minha própria casa, em todas as redes sociais, em liturgias, na escola e, enfim, na minha atividade como terapeuta, com meus pacientes. Todos nós – inclusive eu – contribuíamos para esse clima, ainda que, a portas fechadas, todos me dissessem que a odiavam. Eu também a praticava; parecia que precisava participar, ou seria considerada "negativa". Ela havia se entrelaçado à minha vida profissional e pessoal; assim que percebi o fato, foi difícil ignorá-lo.

Posso ter recém-descoberto esse fenômeno, mas na verdade, ele existe há séculos. Acadêmicos, jornalistas e pesquisadores, como Sara Ahmed, Audre Lorde, Barbara Ehrenreich, Gabriele Ottingen e bell hooks, há muito criticam a inexorável busca da felicidade e divulgaram com eloquência sua natureza destrutiva no mundo todo, sobretudo em comunidades marginalizadas, em trabalhos fundamentais para me ajudar a entender a disseminação da positividade tóxica. Apesar de inúmeras pesquisas sobre a ineficácia da positividade em várias situações, a comunidade de autoajuda continua a impulsioná-la e a perseguir a felicidade. Eu queria encontrar um jeito de levar esta privilegiada pesquisa acadêmica para o mundo moderno.

Meus clientes e minha vida pessoal são a verdadeira inspiração para este livro e a razão de ele existir. Esta carreira me proporcionou o privilégio de estar acomodada em uma sala sem distrações e conhecer profundamente pessoas todos os dias. É uma experiência ímpar que me ensinou muito sobre a vida, o mundo e a natureza humana. Cada paciente, de alguma forma, me transformou. Sou eternamente grata pela humanidade, luta e perseverança que testemunhei e continuo testemunhando cercada por estas paredes. Combinei diferentes histórias dos meus anos como terapeuta com pesquisas sobre pensamento positivo, emoções, relacionamentos e motivação para ajudá-lo a entender como a positividade pode se tornar tóxica e o que fazer. Todos os detalhes de identificação foram alterados para manter o anonimato dos meus pacientes. Espero que as histórias o ajudem a se sentir um pouco menos solitário e mostre a você quantas outras pessoas estão se sentindo do mesmo jeito.

Venho há anos escrevendo este livro sem saber no Instagram e no meu consultório. É honesto, autêntico e real, voltado para pessoas que querem saber como podem apoiar a si mesmas e aos outros; pessoas exaustas de simular uma felicidade constante – no trabalho, em casa, com os amigos e nas mídias sociais; pessoas cansadas de *good vibes* impostas a elas a cada momento; pessoas exaustas de ouvir que tudo acontece por um motivo. Escrevi este livro para aqueles incapazes de demonstrar a vida perfeita. Eu o escrevi para seres humanos sensíveis e reflexivos. Eu o escrevi para mim e para você.

Felicidade e positividade se transformaram em um objetivo e em uma obrigação. A cada momento, ouvimos que precisamos ser gratos ou mais positivos. Se algo sair errado, você teve uma "atitude negativa" ou "não se esforçou o suficiente". Estou espantada com a forma como a positividade tóxica se infiltrou em tantos aspectos de nossa vida: no local de trabalho, em nossas casas, em nossos relacionamentos. E mais, é uma força poderosa que ajuda a manter o sexismo, o racismo, a homofobia, a transfobia, o capacitismo, o elitismo classista e outros tipos de preconceito. Está *em todo lugar*.

Revirei tudo o que conhecemos da história do pensamento positivo e também o material pesquisado sobre como podemos agir e viver melhor. Queria que este livro, além de simples de ler e entender, ao mesmo tempo fosse muito prático. *Positividade tóxica* está organizado em nove capítulos, cada qual abordando a história de um paciente diferente e o relacionamento dele com a positividade tóxica. Se você se interessar por uma visão abrangente do tema, como ele nos afeta e o que fazer, recomendo que leia o livro de capa a capa. Para aqueles que desejam se aprofundar nos aspectos práticos, sintam-se à vontade para escolher os capítulos que abordam suas necessidades e experiências específicas.

Embalaram e venderam o pensamento positivo como a solução para todos os nossos problemas. De *good vibes* defendidas em adesivos para carros a rolagem após rolagem de afirmações do Instagram maravilhosamente projetadas, até camisetas e gurus prometendo que se está a apenas um pensamento positivo da felicidade, somos o tempo todo informados de que "olhar pelo lado positivo" nos ajudará a evitar experiências e sentimentos difíceis. Este livro talvez faça você sentir alguma coisa diferente de alegria ou felicidade, ou de *good vibes*. Pode evidenciar hábitos ou frases que se tornaram parte do vernáculo diário. Talvez se sinta desconfortável, e espero que pense e reconsidere todas as maneiras pelas quais esteja reprimindo as próprias emoções e carências em nome da felicidade. Espero que pense em todas as maneiras pelas quais você se apequenou em busca de *good vibes*. Espero que o ajude na manifestação de suas necessidades e que se envolva em relacionamentos baseados em mais do que apenas um período agradável.

Se este livro permitir-lhe abrir espaço em sua vida para o bem, o mal e o desagradável, fiz meu trabalho.

Seja positivo!

Se fosse tão fácil ou eficaz, todos nós estaríamos agindo nesse sentido. Permita-se vivenciar o que significa ser humano – o lado bom e o ruim.

CAPÍTULO 1

O que é positividade tóxica?

Imagine que acabou de perder o emprego. Está em pânico, a cabeça a mil e não tem a menor ideia do que vai fazer.

Então, decide compartilhar o fato com um amigo. Ele olha para você e sorri, com jeito de estar se preparando para lhe dizer alguma coisa bem importante. Seria essa a validação de que precisa agora? Talvez ele saiba de uma ótima oportunidade de trabalho? Você o observa meio inquieto enquanto ele, jorrando profundezas da própria sabedoria interior, diz: "Pelo menos você tem todo esse tempo de folga agora! Poderia ser muito pior. Pense em tudo que vai aprender com isso".

A positividade tóxica entrou oficialmente em campo.

Você congela e pensa: *Ele está me ouvindo? Eu deveria mesmo me sentir grato por ter acabado de perder o emprego?*

Você não tem certeza do que falar. Não se sente grato, então, que diabos deveria responder? Já estava estressado e agora a conversa o deixa com a sensação de ser totalmente incompreendido. Então, põe de lado seus sentimentos e diz: "É... verdade, obrigado".

Portanto, além de desempregado, sente-se distante do amigo e constrangido por não ver o lado positivo da situação.

Eles estão apenas tentando ajudar

Olha, essa pessoa provavelmente tem boas intenções. O que ela disse não é mentira – você VAI ter mais tempo livre agora e, claro, as coisas poderiam (sempre) ser piores e, sim, talvez aprenda algumas lições com essa experiência.

O problema é que ainda não chegou lá. Ainda está preocupado e aborrecido. Está com medo. Seu corpo e sua mente vivem uma crise e nenhum lugar-comum vai mudar a situação. Você precisa mesmo de apoio e espaço para organizar seus sentimentos.

Positividade tóxica é o conselho que queremos integrar à situação, mas somos incapazes de expressar no momento. Em vez disso, quase sempre ele faz com que nos sintamos silenciados, julgados e incompreendidos.

Soa familiar?

Mas positividade não é sempre uma coisa boa?

É muito provável que você já tenha vivenciado centenas de situações como essa e talvez esteja se perguntando: Como positividade pode ser *tóxica*? Essa palavra é muito forte. Será que é tão ruim assim?

Sendo bem sincera, a positividade está tão arraigada na nossa cultura que parece assustador desafiá-la. Conforme continuo pesquisando e escrevendo sobre o assunto, preocupa-me parecer "negativa" ao discutir o tema. Cada vez que tento resistir à cultura das *good vibes*, aparecem pessoas raivosas, chocadas e confusas. Comentários e mensagens inundam minhas redes: "Como a positividade pode ser tóxica?! Você está completamente maluca".

Entendo. É uma prova de nossa devoção total à cultura da positividade. Disseram-nos que a positividade é a chave para a felicidade – e médicos, terapeutas e líderes a prescrevem regularmente. Portanto, faz sentido questionar qualquer pessoa que lhe diga o contrário. Mas, a portas fechadas, meus pacientes, amigos e familiares têm me dito há anos o quanto repudiam a pressão constante para colocar um viés positivo em tudo.

Sentem-se desconectados dos colegas que lhes dizem: "Vai ficar tudo bem" e "Olhe pelo lado bom". Sabem que isso não está funcionando e estão ansiosos para encontrar outro caminho.

Portanto, antes de começarmos, vamos esclarecer uma coisa: *positividade não é de todo ruim*.

Quando usada da maneira certa, revela-se excelente. Especialistas concordam que sentimentos positivos, como gratidão, contentamento, otimismo e autoconfiança, podem prolongar nossa vida e melhorar nossa saúde. Muitas dessas afirmações são exageradas, mas *há* valor no pensamento positivo. Pessoas que relatam ter sentimentos mais positivos têm mais probabilidade de ter uma vida social plena, de ser mais ativas e de se engajar em mais comportamentos de promoção da saúde. Acho que todos podemos concordar com o aspecto saudável de nos sentirmos "positivos" quando a origem disso é verdadeira.

No entanto, em algum lugar do caminho, surgiu a ideia de que ser uma "pessoa positiva" significa ser um robô que tem de ver o lado bom literalmente *em tudo*. Forçamo-nos à positividade porque a sociedade nos diz para fazê-lo, e qualquer coisa menos do que isso implica um fracasso pessoal. Encaramos a negatividade como inimiga e punimos a nós e às pessoas ao nosso redor quando sucumbem a ela. Se você não é positivo, simplesmente não está se esforçando o bastante. Se não é positivo, é uma chatice estar com você.

Positividade saudável significa abrir espaço para a realidade e a esperança. Positividade tóxica nega uma emoção e nos força a reprimi-la. Quando recorremos a ela, estamos dizendo a nós e aos outros que uma determinada emoção não deveria existir, é errada, e, se tentarmos com mais empenho, conseguiremos eliminá-la de vez.

Positividade saudável significa abrir espaço para a realidade e a esperança.

Sei que as pessoas estão cansadas de serem impelidas à positividade em momentos de conflitos emocionais, mas confrontá-la e questioná-la publicamente nos faz sentir que estamos indo de encontro a alguma coisa gigantesca e disseminada.

Mas seguimos em frente mesmo assim.

Vergonha camuflada de positividade

Então você perdeu o emprego e os amigos acabaram de lhe dizer que não deveria ficar chateado. No momento em que pronunciaram as palavras "Pelo menos", a conversa acabou. Não havia mais espaço para as emoções ou mesmo o processamento delas. Você, pronto ou não, estava sendo arrastado para o mundo da positividade. Então se fechou e tentou descobrir como diabos poderia se tornar mais grato e positivo sem incomodar ninguém com seu próprio estresse, preocupação ou vergonha.

Essa interação, aparentemente menor, é capaz de levá-lo a reprimir seus sentimentos e a agir como se estivesse tudo bem. Você não se sente ótimo; continua triste e desempregado. Mas sempre que aflora uma emoção, você a abafa. Decide fingir até conseguir – só que não dá certo. Seu sono está piorando; não quer se aproximar das pessoas pois terá de ser falso e se sente muito tenso para pedir conselhos. Em vez de lidar com a realidade, posta citações positivas em seu *feed* do Instagram e espera que seu estado de espírito mude.

É assim que entramos na espiral da vergonha da positividade tóxica. Ficamos furiosos por vivenciarmos um sentimento que, queremos acreditar, não deveríamos sentir e, em seguida, nos irritamos de novo quando alguns lugares-comuns de "apenas sorria" não nos trazem positividade. É uma espiral sem fim, sugadora de almas, e quero ajudá-lo a cair fora dela.

Positividade tóxica é negação

Como terapeuta, passo o dia ouvindo pessoas falarem sobre as próprias emoções e experiências, o que me possibilita um entendimento da vivência humana que, na verdade, não se consegue em nenhum outro lugar. A maioria das sessões gira em torno da palavra *deveria*. As pessoas sentem que *deveriam* ser mais felizes, ou que algo que estão fazendo as impede de serem felizes, e então se atiram na espiral da vergonha da positividade. Nesses casos, eu as ajudo a examinar o *deveria*. Onde aprenderam isso? É verdade? Baseia-se em fatos? Conseguem olhar para a situação de uma maneira diferente e com mais nuances? Outros, como Dave, recorrem à positividade para negar a existência de emoções negativas.

Dave, radiante, está sentado à minha frente em um pequeno sofá, compartilhando como se sente bem e como sua família é maravilhosa. Relata que está feliz de verdade; precisa apenas se esforçar um pouco mais. Essa conversa pareceria normal e bastante promissora em qualquer outro contexto, exceto pelo fato de que Dave e eu estamos nos encontrando em uma clínica de saúde mental onde está internado até nova orientação. Está aqui porque gosta de beber, e algumas pessoas acham que a coisa está meio fora de controle. Dave me disse que gosta de beber porque é um cara alegre e sociável. Não vê nenhum problema nisso e acha que todos que o cercam são uma espécie de estraga-prazeres. *Os caras felizes e sociáveis não bebem tanto assim também?*

Dave está sempre sorrindo. Vê-lo saltitando pela clínica entre pacientes mais taciturnos, pensativos e demonstrando sofrimento soa confuso e, às vezes, talvez até perturbador. Ele adora usar o pensamento positivo como uma competência de enfrentamento, e se orgulha de sempre parecer feliz. No entanto, o consumo de álcool, a incapacidade de sentir emoções e a falta de relacionamentos próximos me contam uma história diferente. Na verdade, sua atitude positiva se tornou um grande problema em nossas sessões, chegando a afetar a recuperação de Dave.

Ao encarar a vida com um "beleza!", vive em conflito com a manifestação emocional. Isso não é tão incomum quanto se imagina. Ele não consegue acessar nenhum sentimento que não seja positivo, e tende a se desligar sempre que as coisas ficam muito pesadas. Entendo que beba para lidar com esses sentimentos, mas está enfrentando problemas com essa conexão. Por isso, nós realmente não conseguimos processar nada de seu passado nem planejar problemas futuros relativos à saúde mental. Aceitar o alcoolismo como um problema nem mesmo está em discussão. Ele acredita que qualquer conflito será solucionado sozinho e não há nada que uma atitude positiva não resolva. O pensamento positivo se tornou seu escudo e, até que aprenda a abaixá-lo, mudar será quase impossível.

Meus pacientes com vidas mais gratificantes são aqueles que conseguem vivenciar emoções desafiadoras. Não apenas sorriem; superam qualquer vergonha que venha com a luta para chegar ao outro lado. Quando sabemos que nossas emoções devem ser vivenciadas e que não é algo de que precisamos fugir, fica mais fácil ir para um campo de otimismo, pois reconhecemos que somos capazes de lidar com qualquer coisa que surja em nosso caminho.

Como a positividade se torna tóxica

A positividade se torna tóxica quando usada:

- Em conversas em que alguém está procurando apoio, validação ou compaixão, mas encontra só lugar-comum.
- Para envergonhar as pessoas, fazendo-as sentir que não estão trabalhando duro e se esforçando o bastante ou invalidando as emoções difíceis.
- De maneira a nos envergonhar por não sermos felizes ou positivos.
- Para negar nossa realidade.
- Para manipular ou silenciar alguém que tenha dúvidas ou preocupações legítimas.
- Para dizer às pessoas que são culpadas por tudo de ruim na vida delas.

Em sua essência, a positividade tóxica é bem-intencionada e arrogante. Costumamos usá-la para:

- Terminar uma conversa.
- Dizer a alguém por que não deveria sentir o que está sentindo.
- Convencer as pessoas de que podem ser felizes o tempo todo (caso se esforcem o bastante).
- Parecer sempre positivo e despreocupado.
- Negar ou evitar nossa situação atual.
- Evitar assumir responsabilidades.
- Tentar fazer as pessoas se sentirem melhor.

Autenticidade é importante

Acredito que usamos lugares-comuns porque queremos ser úteis. Não acho que alguém deseje magoar o outro com frases positivas, razão pela qual o conceito de positividade tóxica pode disparar um gatilho. Isso nos faz pensar: *Como posso ser tóxico quando estou apenas tentando ajudar?*

Ser genuíno e autêntico em momentos de crise ou sofrimento é importante, pois nos mostramos um para o outro e demonstramos que estamos ouvindo e que entendemos. Não conseguiremos agir desse modo o tempo todo, mas poderemos fazê-lo nos momentos necessários. Quando nos mostramos autênticos, em vez de usar positividade tóxica, estamos validando o sentimento alheio, revelando empatia e não adoçando ou negando a experiência. Talvez até não concordemos totalmente com a forma como a pessoa está lidando com a situação, ou como a interpreta, mas estamos tentando nos conectar com ela e nos mostrar autênticos. Estamos dizendo que a ouvimos sentando-nos com ela e permitindo que se mostre totalmente (de uma forma segura, que não viole seus limites, é claro).

Lembra-se do amigo que estava tentando confortá-lo quando você perdeu o emprego? Ele usou positividade tóxica ao dizer: "Pelo menos você tem todo esse tempo de folga agora! Poderia ser muito pior. Pense em tudo que vai aprender com isso". Claro que ele não estava tentando magoá-lo. Não inventamos a linguagem da positividade na hora. Está arraigada em nós. Fomos condicionados a repetir essas frases indefinidamente, e ouvimos outras pessoas usando-as desde que éramos crianças. Acreditamos que a positividade acabará dando certo (mesmo quando pensemos que não está nos ajudando). É quase como se tivéssemos medo de admitir que não está funcionando porque nos disseram tantas vezes que funcionaria. Seu amigo não é tóxico ou uma pessoa má; está apenas repetindo o que incontáveis livros de autoajuda, afirmações de mídias sociais, amigos e membros da família lhe disseram.

Na verdade, independentemente da intenção, linguagem é importante, pois impacta a forma como vemos a nós mesmos e ao mundo. As palavras que escolhemos mudam nosso cérebro e afetam profundamente o jeito como nos relacionamos com os outros. Se quisermos nos comunicar de maneira eficaz e fazer com que outras pessoas se sintam apoiadas, devemos primeiro entender o mundo onde vivem. Quando recorremos à positividade tóxica, estamos mais focados em repetir o que nos ensinaram a falar do que em ouvir de verdade, para aprendermos sobre a pessoa angustiada.

A maior parte do jargão da positividade carece de nuances, compaixão e curiosidade. Vem na forma de declarações generalizantes que dizem a alguém *como se sentir* e que *a sensação que está vivenciando é errada*. Essas duas coisas sugerem de imediato que a positividade não é inerentemente benéfica. Se a intenção é realmente ajudar alguém, tenho certeza de que não desejamos que a pessoa se sinta mal. Chavões podem se tornar especialmente tóxicos quando alguém vulnerável está compartilhando alguma coisa, falando sobre suas emoções ou tentando explicar uma dificuldade ou um sofrimento.

Quando se trata de usar uma linguagem positiva ou positividade, o impacto depende do *timing*, do público e do tópico em discussão.

Timing

Costumamos recorrer à positividade porque queremos de verdade que as pessoas se sintam melhor. Esperamos que, dizendo a coisa certa, o sofrimento delas desapareça. Também, de forma egoísta, esperamos que funcione para cairmos fora de uma situação difícil e nos pouparmos da dor de estar com alguém em dificuldades. Acho que todos podemos admitir que sentar com alguém que esteja chorando, angustiado ou aborrecido pode ser difícil, e, portanto, só queremos melhorar as coisas.

Infelizmente, agir rápido demais pode levar à decepção em todas as frentes. A pessoa que estamos confortando talvez se sinta silenciada e constrangida, e muitas vezes nos sentimos ineficazes e desconectados.

Timing é tudo. Antes de encorajar alguém a ver o lado bom, é importante lembrar:

- O tempo não cura todas as feridas. As pessoas processam as coisas em velocidades diferentes e decidem o ponto em que estão no caminho de recuperação.
- Em momentos de angústia, cada um reage de uma maneira. A menos que a reação seja de ameaça à vida ou diretamente prejudicial a elas mesmas ou a alguém que precise de proteção (como uma criança ou um idoso), não há problema em permitir que vivenciem os próprios sentimentos. Você não tem de resolver por elas.
- As pessoas geralmente precisam aceitar a realidade de uma situação antes de seguir em frente.
- Nem todas as situações têm um lado bom ou positivo. Algumas coisas são muito, muito difíceis, e tudo bem.
- Presenciar o sofrimento alheio é muito difícil. Tenha compaixão por você também.

Tente evitar o emprego de lugares-comuns positivos em determinadas situações:

- Quando alguém estiver chorando por algum motivo ou, de forma evidente, vivenciando uma emoção difícil.
- Imediatamente após a ocorrência de um evento (por exemplo, logo depois de alguém ser demitido).
- Durante um funeral ou diante de alguém que esteja morrendo.
- Quando alguém lhe disser que só quer ser ouvido.
- Quando alguém lhe disser que não quer conselhos.
- Durante a ocorrência de um evento angustiante.
- Quando não se tem um entendimento completo do que está acontecendo.

O público

Independentemente de nossa intenção, não conseguimos determinar o impacto de nossas palavras. Aquele que recebe o apoio vai determinar a utilidade ou não dos lugares-comuns positivos, razão pela qual é tão relevante considerar quem está ouvindo.

Sempre que peço à minha comunidade que compartilhe suas experiências com positividade tóxica, muitas respostas incluem Deus ou religião. Exemplos como "Eles estão com Deus agora" ou "Deus tem um plano para todos" inundam minha caixa de entrada. E aqui está um exemplo perfeito da importância de considerar nosso público: religião, fé e Deus podem ser extremamente favoráveis para algumas pessoas, mas não para outras. Quando recorremos aos nossos valores ou à religião como apoio a alguém, não estamos considerando nosso público, mas apenas usando o que é útil para nós e presumindo que servirá de consolo para o outro.

O mesmo vale para a situação em que falamos com alguém que está sofrendo de depressão. A maioria dos depressivos deseja ser feliz. Eles sabem como é complicado chegar lá, e constantemente são lembrados da dificuldade de alcançar esse objetivo. Quando dizemos a alguém em depressão para "apenas seja feliz", não estamos levando em conta nosso público, mas apenas banalizando e simplificando a batalha diária do outro. Se pudessem "apenas ser felizes", já não o teriam feito? Se fosse tão simples, não teríamos taxas tão altas de depressão neste país.

Quem ajudamos decide como gostaria de receber apoio, e cabe a nós a decisão de sermos ou não capazes de fornecê-lo. Para tanto, precisamos considerar nosso conhecimento sobre a situação ou dificuldade atual e sermos sensíveis quanto a isso.

Aqui estão alguns pontos que precisam ser levados em consideração:

- A pessoa disse como gostaria de receber apoio?
- Perguntei-lhe como gostaria de recebê-lo?
- Ela reage bem quando uso lugares-comuns positivos? Diz "Obrigado" ou se fui útil? Parece sentir-se melhor?
- Parece terminar a conversa sempre que uso um lugar-comum ou tento encorajá-la a ser mais positiva?

É importante conhecer e saber como seu público gosta de ser ajudado. Na dúvida, pergunte! Você será a melhor fonte de apoio possível.

Temas delicados

Certos temas ressoam angustiantes e pesados para muitas pessoas. Pesquisando e atuando como terapeuta, sei que positividade tóxica e o uso de lugares-comuns são particularmente inúteis – até mesmo prejudiciais – nas seguintes situações:

- Infertilidade e aborto.
- Luto e perda.
- Doença e necessidades especiais.
- Relacionamentos amorosos, separações ou divórcio.
- Família e afastamento familiar.
- Problemas na profissão ou perda de emprego.
- Aparência física.
- Depois de um evento traumático.
- Gravidez e parentalidade.
- Racismo, sexismo, transfobia, homofobia, capacitismo, tamanhismo, elitismo classista ou outros tipos de preconceito.
- Problemas de saúde mental.

Esses, sem dúvida, são temas delicados, de caráter pessoal e estratificados. Falar sobre qualquer um deles não equivale a reclamar da espera em uma longa fila ou dizer que os pés doem; eles nos abalam profundamente e expõem nossa vulnerabilidade. Temos de tratá-los com sensibilidade diferenciada, tanto de forma pessoal como em relação aos outros. É aqui que o processamento emocional verdadeiro se torna fundamental e deve ser encorajado. Ao se sentir tentado a recorrer a um lugar-comum quando fica sabendo desses tipos de problemas ou quando os enfrenta, faça uma pausa, sintonize as emoções mais intensas do momento e tente desistir de uma posição de receptividade e apoio.

Como a positividade exacerbada nos afeta

O pensamento positivo costuma atuar como um pequeno curativo em um ferimento à bala. Em vez de ajudar, leva à repressão emocional, destrutiva para nosso corpo, mente, relacionamentos e sociedade. Evidências indicam claramente que a repressão emocional é ineficaz, desgastante e nociva, gerando uma piora do humor, sentimentos negativos sobre interações sociais, emoções negativas contínuas e até mesmo minimização de emoções positivas. E mais, também tem consequências significativas para nossa saúde física. Não importa que tipo de emoção se está reprimindo – positiva ou negativa –, o ato da repressão desencadeará estresse físico, afetando pressão arterial, memória e aumento do risco de diabetes e doenças cardíacas.

Em um sentido mais amplo, a cultura de "apenas *good vibes*" é tóxica para nossos relacionamentos e para a sociedade. Quando enfatizamos que algumas emoções são "ruins", perdemos a proximidade advinda do estado de vulnerabilidade. Infelizmente, a positividade costuma ser usada como uma arma para minimizar os sentimentos de determinados grupos. Quando em resposta à discriminação dizemos coisas como "Não podemos todos simplesmente amar uns aos outros?", invalidamos as vivências reais e cotidianas das pessoas marginalizadas. Nessas situações, a positividade tóxica joga toda a responsabilidade sobre o indivíduo, não sobre o sistema e as instituições que inviabilizam o pensamento positivo como uma solução.

Exemplos comuns de positividade tóxica e por que magoam

Pessoas têm me enviado milhares de mensagens sobre os ditos que as invalidam quando enfrentam dificuldades emocionais. Agora que sabemos que é tudo uma questão de *timing*, público e tema, analisaremos alguns exemplos típicos de positividade tóxica e por que são particularmente inúteis em uma variedade de situações. Mais adiante, neste livro, abordaremos o que você pode escolher fazer ou dizer.

"A vida nunca vai lhe dar mais do que consegue aguentar."
Coisas ruins não acontecem porque as pessoas são capazes de lidar com elas. Afinal, algumas nem mesmo estão tão fortes no momento para lidar com o que lhes aconteceu, e tudo bem. Quando recorremos a essa frase, estamos insinuando que cada desafio vem acompanhado de uma lição, que as pessoas são escolhidas para desafios específicos e que é melhor estar à altura deles.

"Você vai ficar bem."
Dizer a alguém que está em estado de pânico ou choque que ficará bem, não soa convincente ou reconfortante. Em geral, nem se baseia em fatos (Como você sabe? Qual o significado de "bem"? Isso não é muito subjetivo?) e de imediato a conversa é encerrada.

"Não chore!"
Em geral, dizemos isso porque nos incomoda estar com alguém que enfrenta uma carga emocional pesada. Chorar é útil, normal e permitido. Dizer para não chorar implica que o ato é errado e encoraja a pessoa a reprimir as próprias emoções.

"Sorria!"
Dizer a alguém para sorrir quando está chateado é doloroso. Forçar alguém a ser feliz em um momento de dificuldade significa opressão.

"Você tem muito a agradecer."
Podemos ficar chateados e ao mesmo tempo agradecidos pelo que temos, mas a frase nos parece arrogante e intimidadora em um momento de dificuldade.

"O tempo cura todas as feridas."
Não é verdade. Dizer isso a alguém imerso em um conflito pode ser insensível e vergonhoso. Só a pessoa pode decidir quando estará curada e, às vezes, ela "não consegue se recuperar".

"Apenas seja feliz/positivo!"
Se fosse tão fácil, todos o seríamos. A frase simplifica um processo emocional desafiador e complexo, sobretudo quando alguém se vê diante de sérios desafios de saúde mental.

"Pelo menos não é _____."
Qualquer coisa antecedida pela expressão "pelo menos" é minimização. Não é benéfico estabelecer comparações com o sofrimento. (Pelo menos você não está morto, certo? Isso é útil? Acho que não.)

"Atitude é tudo."
Aí está uma simplificação exagerada de nossa realidade. Muitos estudos mostram que toda uma rede de fatores contribui para o sucesso. Atitude é importante, mas *não* é tudo.

"Seja grato por tudo que aprendeu."
A frase é particularmente nociva depois que alguém passou por um evento traumático. Infelizmente, costuma ser usada após uma pessoa ter passado por uma situação de abuso. Sim, acabaremos aprendendo com nossas lutas, o que, no entanto, não significa que devemos ser gratos pela lição. Com frequência, o preço é muito elevado.

"Poderia ser pior."
Verdadeiro. Também poderia ser melhor. Esta afirmação não só minimiza o sofrimento pelo qual a pessoa está passando, como também lhe diz que ele não se justifica porque "o pior" não aconteceu.

"Elimine toda a negatividade de sua vida."
Uma vida sem negatividade equivale a uma vida desprovida de aprendizado e desenvolvimento. Se eliminarmos todas as pessoas ou experiências negativas de nossa vida, acabaremos sozinhos e emocionalmente estagnados.

"Nunca desista."
Existem situações em que desistir é necessário ou exige coragem. Assim,

nem sempre significa que a pessoa foi fraca ou não conseguiu lidar com alguma coisa. Em geral, implica alguém forte o bastante para saber o momento de desistir.

"Tudo acontece por uma razão."
A frase tem um efeito bastante nocivo depois de um evento traumático ou de uma perda. Algumas coisas não acontecem por um motivo, ou o motivo não é aparente. Dizer a alguém que foi agredido, perdeu um filho ou passou por uma enfermidade porque houve um "motivo", pode ser muito perturbador e soar arrogante.

Nenhuma dessas afirmações nos abre espaço para compartilhar a dor ou chegar a um nível mais profundo do sentimento vivenciado. Nenhuma abre espaço para a manifestação ou a conexão emocional. São bonitas – e vazias de conteúdo.

A ascensão do pensamento positivo

A comercialização do pensamento positivo como cura não é um fenômeno novo. Hoje, temos adesivos de para-choques Apenas *good vibes* e gurus de autoajuda que nos dizem para sermos felizes, mas temos bebido Kool-Aid[1] há séculos.

O pensamento positivo que vemos hoje no Ocidente decorre, em grande parte, de uma adaptação e combinação aleatória de numerosas tradições de bem-estar advindas de outras regiões do planeta. Tudo começou quando um grupo de homens brancos chegou ao "Novo Mundo", formalmente conhecido hoje como Estados Unidos da América. Agora sabemos que esse mundo não era exatamente "novo;" muita gente já estava vivendo lá.

A maioria dos homens que chegou ao Novo Mundo era calvinista. Eles acreditavam que todos tinham uma natureza má e que Deus era o

---

[1] O termo se refere a alguém que aceita cegamente um argumento ou uma filosofia e faz referência ao culto religioso liderado por Jim Jones, que cometeu suicídio em massa bebendo Kool-Aid misturado com Valium e cianeto. (N.T.)

único que poderia salvá-los de seus pecados. Quem seria salvo já estava predeterminado, então não havia muito o que se pudesse fazer. Consideravam pecados a ociosidade ou o prazer. Era esperado que se trabalhasse constantemente, na esperança de estar entre os escolhidos. Não era uma época divertida para se viver, e o calvinismo não transmitia a mensagem inspiradora que o "Novo Mundo" queria.

Com o calvinismo como crença religiosa prevalecente e influência social, os colonos tinham um sério problema de imagem, e sabiam disso. E encontraram aquilo de que precisavam no movimento Novo Pensamento, adotado como uma forma de dar esperança às pessoas e melhorar o moral delas. Aí estava um caminho bem mais edificante que ignorou completamente a realidade das circunstâncias. Os adeptos propunham que, se os seres humanos conseguissem acessar o poder ilimitado do Espírito, exerceriam controle sobre o mundo espiritual; sem dúvida, uma ideia aliciante, pois dava às pessoas mais poder e controle sobre a própria vida, do que possuíam sob o calvinismo. Assim, estabeleciam-se as bases para um Novo Mundo mais positivo e otimista, no qual a busca pela felicidade era esperada e obrigatória. Infelizmente, nada no mundo havia mudado ainda, exceto essa nova perspectiva.

Phineas Parkhurst Quimby, o pai do Novo Pensamento, levou o pensamento positivo a um novo nível no século XIX. Quimby acreditava que todas as doenças se originavam na mente, causadas por crenças errôneas. Se alguém conseguisse se unificar com a "mente" e alavancar o poder do universo, poderia se curar. Era muito mais fácil disseminar uma nova ideia científica nos anos 1800, e a teoria, embora nunca submetida a avaliações científicas rigorosas, fundamentou uma crença que persiste hoje em muitos dos textos sobre a Lei da Atração[2] e em várias comunidades de tratamentos alternativos. Mary Baker Eddy, uma das pacientes de Quimby, continuou a promover a ideia de que a causa da enfermidade se arraigava na mente humana. Ela propôs que a doença ou a carência de algo inexistiam, sendo apenas "delírios temporários". Quimby usou

---

2 A Lei da Atração é uma técnica que utiliza a crença de que a mente e o universo estão conectados por meio da força dos pensamentos. Acredita-se que os pensamentos emitem ondas energéticas que atraem ou repelem determinadas vibrações. (N.T.)

essa teoria para explicar a razão de coisas ruins acontecerem no mundo e para reforçar que a negatividade deve ser evitada.

O pensamento positivo continuou no século XIX com o movimento de cura pela mente, e enfatizou o poder curador das emoções e crenças positivas. William James, o primeiro psicólogo da América, tornou-se um fervoroso defensor e adepto do movimento de cura pela mente e do Novo Pensamento. Ele não compreendia inteiramente como a cura mental funcionava, mas ficou impressionado com essa forma inovadora de pensar e ver o mundo. Entretanto, fez críticas e foi, na verdade, a primeira pessoa a reconhecer a positividade tóxica. Embora concordasse que o Novo Pensamento estava ajudando a neutralizar a natureza depressiva do calvinismo e pavimentando o caminho para uma maneira mais positiva de pensar e viver, tinha ciência de que essa nova religião evitava por completo a realidade da tragédia. James destacou que servia apenas para "pessoas de mente sã" e que oferecia uma solução apenas temporária. Reconheceu também a crueldade de aconselhar depressivos e reprimidos a apenas sorrir e ignorar os sistemas que os oprimiam. James sinalizou que caminhávamos para uma cultura de positividade tóxica, mas ninguém ouviu. As pessoas apenas ouviam que era possível conseguir controlar o universo e conquistar tudo o que sempre quiseram simplesmente mudando a forma de pensar. A maior parte delas não resistia a essa possibilidade, e ainda não resistem.

Então, o Novo Pensamento se disseminou, se infiltrou na comunidade médica a ponto de ser usado para tratar males físicos. Obviamente, ele não funcionava para doenças infectocontagiosas, mas as pessoas continuavam acreditando que, se uma enfermidade não podia ser curada, não era "real", constituindo apenas uma forma de chamar a atenção, ou uma tentativa de escapar das tarefas ou das obrigações sociais. Lembremos que, na época, acreditava-se que as mulheres estavam fadadas à invalidez, e o tratamento prescrito para a maioria das doenças se limitava a ficar semanas em um quarto escuro. A ideia de que podemos combater certas doenças sendo mais positivos persiste até hoje.

Na esteira do movimento Novo Pensamento, avanços científicos e medicinais significativos eclodiram, e a teoria dos germes causadores de doença ganhou força, levando os adeptos do Novo Pensamento a deslocar o foco da saúde e bem-estar para a riqueza e o sucesso. A obsessão americana com o poder começou a crescer à medida que cominavam novos territórios e grupos de pessoas, tudo em nome da riqueza e da prosperidade. *Quem pensa enriquece*, de Napoleon Hill, rapidamente se tornou a Bíblia do pensamento positivo dos anos 1930. Hill propôs uma fórmula e regras que, se exatamente seguidas, levariam o leitor a um "desejo tão forte por dinheiro" que se tornaria uma obsessão. A fórmula aparentemente não presume um trabalho pesado, mas, caso não seja seguida corretamente, "Você vai fracassar!". Aí começamos a ver o início de uma obsessão cultural pelo poder e pela positividade, ainda hoje uma característica comum no ambiente de trabalho.

O pensamento positivo estava se tornando oficialmente a doutrina da jovem nação. Em vez do foco calvinista em monitorar pensamentos e sentimentos em busca de sinais de pecado, preguiça ou autoindulgência, o pensamento positivo incentiva o monitoramento dos pensamentos de "negatividade". Em 1952, Norman Vincent Peale lançou O *poder do pensamento positivo*, solidificando ainda mais o elo entre religião e positividade. O livro foi um fenômeno editorial e permaneceu na lista dos mais vendidos do *New York Times* por 186 semanas, tornando-se não só o primeiro guia prático moderno para aqueles que queriam transformar a vida, mas também a base para milhares de livros de autoajuda e a atividade de gurus.

A eugenia também era extremamente popular no início dos anos 1900, graças a Charles Darwin. De acordo com o darwinismo, a expressão e o autocontrole emocionais constituem os principais marcadores das diferenças evolutivas entre as espécies "mais" e "menos" desenvolvidas. A superioridade evolucionária foi resumida em felicidade, otimismo e autocontrole. Darwin, acreditando que emoções negativas associadas a doenças mentais sinalizavam fraqueza, propôs métodos para nos livrarmos de pessoas com altos níveis de depressão ou raiva. A lógica de sobrevivência do mais apto significava que qualquer pessoa que manifestasse emoções negativas ou tivesse pouco controle emocional comprometeria a felicidade alheia. Usaram-se tais teorias como instrumento para manter a ordem social predominante e resultaram em morte, isolamento e condenação de muitos, incluindo portadores de necessidades especiais, homossexuais, transgêneros e outras comunidades marginalizadas. Pessoas que subscreveram as teorias de Darwin sobre saúde emocional acreditavam que, se conseguissem eliminar qualquer coisa ou qualquer pessoa com potencial de levar a um resultado negativo, prosperidade e felicidade estariam garantidas.

O campo da psicologia também começou a se deslocar para a busca da felicidade. Dois importantes psicólogos, John B. Watson e G. Stanley Hall, propuseram uma visão utópica universal segundo a qual as pessoas seriam felizes e produtivas o tempo todo. Pairou uma guerra contra estados emocionais negativos e pessoas que os vivenciam e os induzem. Em seu livro-texto fundamental *Psychology: From the Standard of a Behaviorist* [3], Watson afirma que a principal preocupação da psicologia era "criar indivíduos saudáveis, desprovidos de fraqueza mental e raiva, medo e apegos". A crença predominante se assentava no pensamento de que as pessoas conseguiam se pensar fora de estados emocionais e, em última análise, controlar seu destino por meio dos pensamentos. Se alguém não conseguisse, era um fraco e precisaria ser separado dos fortes.

Atualmente, temos uma indústria de pensamento positivo multibilionária que se vale de conferências, livros, grupos de apoio, palestrantes motivacionais e muito mais. O pensamento positivo virou o alicerce da indústria de autoajuda, rotineiramente encorajado e celebrado por pessoas em todo o mundo. Gurus de autoajuda, terapeutas e *coaches* continuam a nos dizer que estamos a apenas um pensamento positivo de uma vida melhor, e no mercado hoje há mais de 10 mil livros sobre pensamento positivo. Best-sellers internacionais como *O segredo* e *A lei da atração* tornaram-se sinônimos de pensamento positivo, abundância, riqueza e sucesso, propondo que recorram a ele em todos os aspectos da vida – incluindo finanças, saúde, relacionamentos e profissão. Não muito diferente do calvinismo, o movimento do pensamento positivo nos incentiva a monitorar nossos pensamentos para a negatividade de forma implacável e sempre vigilante. Livros, planilhas, mantras e constante

---

[3] "Psicologia: como o behaviorista a vê", em tradução livre. (N.T.)

autoavaliação são sempre as armas preferidas na luta contra o verdadeiro inimigo: a negatividade.

Graças à ampla publicação dessa literatura e a endossos profissionais, o impulso para o pensamento positivo se infiltrou em todas as áreas de nossa vida. Espera-se que sejamos felizes no trabalho, em casa, em nossos relacionamentos e diante da tragédia. O movimento da positividade corporal quer que sejamos positivos em relação ao nosso corpo. As pessoas perguntam: "Por que não podemos simplesmente nos dar bem?" e dizem "Apenas amem uns aos outros" em face da discriminação e desigualdade galopantes. Uma atitude positiva tornou-se a prescrição de escolha para quem luta contra doenças ou vive com uma deficiência. Salas de aula, hospitais e locais de trabalho estão repletos de cartazes incentivando-nos a encontrar significado e felicidade em quase tudo. O escritório moderno está repleto de mesas de pingue-pongue e sofás reluzentes que quase parecem ordenar "Você vai se divertir aqui!". Percorremos inúmeras citações positivas, rostos sorridentes e legendas otimistas nas redes sociais. Gurus e palestrantes motivacionais atribuem nossa falta de progresso ao pensamento negativo.

A pressão para ser e parecer feliz nunca foi tão grande. Devemos sempre encontrar uma fresta de esperança, um resultado positivo, um bom motivo. Eliminar da nossa vida todas as pessoas negativas; elas nos põem para baixo. Sorrir mais. Só boas vibrações. Viva, ria, ame. Estou lhe enviando luz e amor. #*Gratidão* em alguma fonte cursiva estranha. Não acaba nunca. Dizem-nos repetidamente que sem pensamento positivo não conseguimos nada. Tudo se resolverá com ele. É uma obrigação que devemos cumprir.

> **A pressão para ser e parecer feliz nunca foi tão grande**

Mas, se a chave para uma vida plena é o pensamento positivo, então por que tantos de nós ainda somos infelizes?

Por que a positividade é tão aliciante e atraente

Uma tarde, Tory entra em meu consultório. Está bem vestida e percebo que investe muito tempo na própria aparência. Parece nervosa e agitada em meu sofá. Compartilha comigo uma longa história de autoaprimoramento. Conversamos sobre retiros, suplementos, curandeiros, nutricionistas, *coaches* de vida, todos terapeutas anteriores dela, e sobre como devora livros de autoajuda nos fins de semana. Tory conta que começa o dia com uma lista de agradecimentos e termina com uma frase positiva. Fiquei sabendo que seu espelho está cheio de Post-its que dizem "Você é incrível!" e "Você conseguiu!". Fitando o chão, ela admite que, sem dúvida, nada do que faz está dando certo; um imenso sentimento de culpa permeia o momento, e ela hesita em compartilhar isso comigo. Acha que as coisas *tinham* de funcionar e, quando não funcionam, significa que ela é um fracasso. Acredita que deve estar agindo de modo errado.

O objetivo terapêutico de Tory é "felicidade", mas não tenho certeza se algum de nós sabe o que é isso. Toda semana ela me fala sobre alguma coisa nova a que recorre. Ela parece não conseguir sair do carrossel do autoaprimoramento, e a novidade poderá fazê-la feliz.

Descobrimos que ela quer se sentir feliz o tempo todo. Não quer problemas, quer parecer positiva e ser amada. De acordo com Tory, gente negativa é irritante e desagradável, e gente positiva é o melhor tipo de pessoa, e é isso que ela aspira ser. Sente-se exaurida com a busca constante pela felicidade, e é óbvio que procura a resposta para esse problema há algum tempo. Fez tudo o que "deveria" seguindo todos os gurus de autoajuda e palestrantes motivacionais que estão por aí. Entendo sua frustração e tento ser sincera com ela: "O que aconteceria se você não fosse feliz o tempo todo? Estaria tudo bem?" Tory me fita com um olhar vazio e percebo que não tem a mínima ideia de como responder a essas perguntas.

Autoaceitação é parte do problema. Ela não consegue aceitar que já tem tudo de que precisa no próprio interior para ser feliz. Vive em conflito com a realidade de que o mundo está determinado a sempre a fazer sentir que falta algo para que, assim, vendam-lhe um produto ou a motivem a substituir o que usa. Venderam a ela a mentira de que existe um oásis de positividade e felicidade do outro lado de sua jornada de autoaprimoramento. Não consegue abandonar a necessidade constante de se corrigir e melhorar porque isso a faz se sentir no controle. Recusa olhar para o papel que o cônjuge frio e ausente desempenhou em sua vida, ou como seu trabalho é estressante, porque deveria ser capaz de controlar pensamentos e emoções diante de qualquer coisa. Até que aprenda a olhar para dentro de si mesma e considerar o impacto que o mundo tem sobre ela, Tory continuará a buscar o controle nos lugares errados e a se sentir culpada quando falhar.

O pensamento positivo nos dá a ilusão de esperança e controle

Identifico-me com Tory porque já fui igual a ela. Conheço muito bem a sensação de buscar ajuda, de procurar constantemente aquilo que vai me fazer feliz – um corpo melhor, mais amigos, uma casa maior, e mais, mais. É um processo exaustivo e existe algo muito aliciante nessa busca: a plenitude de possibilidades, o potencial de controle e o desejo de ser amado. Parece impossível que a autoajuda e a busca pela positividade nos prejudiquem. Estamos convencidos de que só precisamos nos esforçar um pouco mais e chegaremos lá.

O pensamento positivo é atrativo por algumas razões essenciais:

- Faz com que sintamos ter controle sobre nossa vida.
- Permite eximir-nos da responsabilidade pela vida dos outros.
- Sempre há alguma coisa concreta para culpar quando as coisas dão errado – nossos pensamentos.

A maior parte da literatura sobre pensamento positivo nos fornece uma fórmula simples: mude seus pensamentos, mude sua vida, uma mensagem poderosa porque se assenta em nosso maior medo como seres humanos: a incerteza. Quando sabemos, nós nos sentimos seguros, e segurança é tudo. Desde o início dos tempos, as pessoas buscam a resposta para questões como: "Por que coisas ruins acontecem?" e "Como posso conseguir tudo o que quero?". Provavelmente nunca deixaremos de procurá-las.

Pessoas que praticam a Lei da Atração, ou outros tipos de pensamentos e manifestações positivas, sugerem ter decifrado o código do universo. Sabem exatamente o que precisamos fazer, passo a passo, para conquistar o que queremos. Sem dúvidas. Se não conseguimos, é porque não agimos da forma certa ou não nos esforçamos o bastante. Aí estão os únicos fatores da equação, ou seja, com atitude certa e abundância de positividade, teremos controle sobre nossa vida, todos serão responsáveis por si mesmos e sempre saberemos quem e o que culpar quando as coisas derem errado. Isso nos dá suporte para entender tudo no universo, incluindo doença, discriminação, guerra, desastres naturais, perda de emprego, morte e muito mais.

Parece incrível, não? Para mim, soa bom demais para ser verdade.

Comece ainda jovem

A maioria dos parentais ou responsáveis diz: "Eu só quero uma criança feliz", e quem não quer? Para eles, uma criança "feliz" significa um trabalho bem feito, um objetivo muito simples para nossos filhos. Em vez disso, vivemos a pressão para sermos felizes e positivos desde o momento em que entramos no mundo.

Um estudo recente recebeu o título de *Happier Babies Have an Edge*[4], o que fez meu estômago revirar. Uau, agora até os bebês precisam ser felizes se quiserem seguir em frente e se dar bem! Mas faz sentido. Pense em como falamos sobre bebês. Muitos adultos dirão: "Ele era um bebê tão feliz!", ou "Meu Deus, ele chorava sem parar", isto é, categorizam os bebês como positivos ou negativos, fáceis ou difíceis. Todo mundo obviamente quer um bebê feliz! É mais fácil cuidar deles, pois exigem muito menos de nós do que bebês chorões e com cólicas. E mais, tendem a receber elogios e atenção mais positiva dos parentais com mais frequência, porque estarão mais descansados e felizes. Vigia-se o temperamento de criança, e ele se torna parte de sua história. Talvez a família ainda fale sobre isso até hoje.

---

4 "Bebês mais felizes levam vantagem", em tradução livre. (N.T.)

Este estudo em particular descobriu que a felicidade durante a infância prediz o QI da criança e o sucesso acadêmico do adulto. Pesquisadores analisaram a frequência com que as crianças vivenciam emoções positivas e negativas, e o papel que desempenham em seu crescimento. Sabemos que emoções positivas, como alegria ou amor, fomentam a criatividade, a resolução de problemas e a bondade. Portanto, quanto mais as crianças têm contato com emoções positivas, mais tempo passarão brincando, aprendendo e socializando-se, o que contribui de forma direta para seu desenvolvimento. As crianças que experimentam emoções mais negativas, como tristeza ou raiva, terão menos oportunidades de aprender, pois estão focadas em se livrar ou evitar o que as incomoda. Faz sentido, mas o pesquisador ressalta que se tratava de um pool de pesquisa de muito baixo risco[5]. Crianças criadas em condições mais adversas têm mais probabilidade de vivenciar menos emoções positivas e mais negativas, o que pode minimizar a felicidade em razão do ambiente onde vivem. Outros estudos também descobriram que alta adversidade está ligada a QIs mais baixos, menor desempenho acadêmico e redução da felicidade. Portanto, é correto que se argumente que não é a felicidade que contribui para o crescimento da criança, mas sim a possibilidade de ser criada em um ambiente de amor e apoio, com um mínimo de adversidade, que leva a mais felicidade e, por sua vez, a mais oportunidades de crescimento, desenvolvimento e felicidade.

À medida que as crianças se desenvolvem, suas experiências emocionais tornam-se literalmente parte da fibra cerebral delas. Este estágio de desenvolvimento tem gigantescas implicações. The Australian Temperament Project[6], um estudo longitudinal[7] conduzido por psicólogos por mais de trinta anos, analisou como o temperamento se desenvolve e por que alguns bebês são mais felizes do que outros. Descobriram que o temperamento é relativamente estável ao longo do tempo, com bem poucas

---

5 Na pesquisa de baixo risco, o único risco previsível é o do desconforto. (N.T.)
6 "Projeto temperamento australiano", em tradução livre. (N.T.)
7 Estudo longitudinal é um método de pesquisa que visa analisar as variações nas caraterísticas dos mesmos elementos amostrais (indivíduos, empresas, organizações etc.) durante um longo período, frequentemente vários anos. (N.T.)

crianças passando por mudanças radicais. Mas o temperamento *pode* ser modificado por meio de experiências positivas, como o vínculo com os cuidadores e o crescimento em um ambiente estável. Alguns bebês simplesmente nascem mais felizes do que outros, e alguns podem se tornar mais positivos devido a ambientes e experiências mais favoráveis. Contudo, desde tenra idade, crianças sabem que felicidade e positividade são recompensadas.

Crianças pequenas começam cedo a avaliar como seus cuidadores controlam o próprio estado de espírito e como isso prediz o comportamento delas. Tornam-se competentes em avaliar o cenário emocional da casa, dos cuidadores e de outras pessoas com quem convivem, como um instrumento de sobrevivência. Aprendem o que parece incomodar os cuidadores e se o que dizem está de acordo com o modo como se comportam. Em razão da saúde emocional dessas crianças relacionar-se diretamente às características emocionais e sociais do ambiente onde são criadas, os cuidadores têm uma influência extraordinária. Em muitos lares onde certas emoções são desencorajadas ou provocam vergonha, a positividade costuma se tornar o padrão e uma reação emocional estimulada.

Se você cresceu em um lar onde desencorajavam a manifestação emocional, pode ter acontecido o seguinte:

- Os cuidadores diziam que tudo estava "bem" mesmo quando não estava.
- Os cuidadores lhe diziam para não chorar quando estivesse chateado, ou "seja forte" e "aguente firme".
- Disseram-lhe que conversar sobre qualquer tipo de preocupação ou reclamação implicava "negatividade".
- Seus cuidadores quase nunca demonstravam emoções negativas ou difíceis e, se o faziam, negavam-nas ou tentavam encobri-las.
- Os relatos dos cuidadores sobre as próprias emoções não correspondiam ao comportamento deles (por exemplo, choravam, mas diziam que tudo estava ótimo).
- Os cuidadores não conversavam sobre emoções abertamente com você.
- Emoções eram categorizadas como "boas" ou "más".

- Ler as emoções do seu cuidador representava um desafio para você.
- Você gastava muito tempo e energia tentando avaliar as emoções da unidade familiar.
- Não lhe ensinaram como rotular suas emoções de maneira eficaz.

Quando crianças, talvez tenhamos ouvido declarações como "Pessoas positivas são as melhores!" e "Ninguém gosta de uma Nancy Negativa!"[8]. Tais declarações se tornam crenças que afetam nossos comportamentos. Quando um adulto modela que a positividade deve ser sempre o estado de espírito de escolha, as crianças aprendem, por meio da observação, que devem tirar proveito mesmo das coisas ruins. Não importa o quê. Como resultado, muitos de nós não aprendemos como nos sintonizar com o que realmente sentimos ou a razão de isso ser importante.

Esse reforço continua no decorrer de nossa vida, mais ainda na escola. Entre em qualquer uma e verá as paredes cobertas de pôsteres que exclamam "Seja feliz!" e "Você fica melhor com um sorriso!". Escolas e professores insistem que a aprendizagem deve ser divertida e que você só precisa gostar. Instituições de ensino gastam vultosas somas de dinheiro para manter as crianças "felizes" e melhorar o moral delas, mesmo sofrendo para fornecer recursos adequados, como saúde mental e materiais didáticos atualizados.

À medida que nos desenvolvemos, o ambiente de trabalho moderno se torna o espaço onde a cultura da positividade nos aprisiona: festas, prêmios e reuniões dedicadas exclusivamente à felicidade do funcionário. Somos incentivados a adotar uma atitude positiva em todos os momentos, ser agradecidos, amar nosso trabalho e deixar o restante em casa. Os funcionários que oferecem críticas construtivas ou *feedback* são quase sempre considerados "negativos", e uma atitude positiva é considerada um elemento essencial caso queiramos um aumento ou uma promoção.

A sociedade também celebra e recompensa a atitude positiva. Pense nas pessoas que a mídia exalta. Ouvimos muitas histórias sobre:

---

8 Um apelido dado a alguém que sempre tem uma visão negativa das coisas, que sempre traz o clima para baixo com as analogias de desgraça e melancolia. O significado também está expresso na música "Negative Nancy" (Adore Delano). (N.T.)

- Gente que tirou o melhor proveito de "tão pouco".
- "Pornô de inspiração"[9] sobre pessoas que vivem com doenças crônicas ou incapacitação, mas parecem sorrir o tempo todo.
- Membros da "minoria exemplar", na tentativa de eliminar a imagem negativa de racismo, sexismo, elitismo classista ou outro preconceito.

Nossa obsessão com positividade vive conosco, disseminando-se por todo lugar. Dificuldades são classificadas como "oportunidades". Provocações são "professores". Luto é "amor sem lugar para onde ir". Pontos fracos são "forças emergentes". Passamos a acreditar que positividade era o elemento primordial para a felicidade, o bem-estar e a longevidade. Sem dúvida, nossas intenções são boas, mas de alguma forma nos perdemos no caminho.

Você realmente manifesta alguma coisa?

A manifestação é uma das principais ferramentas a que recorrem os entusiastas da positividade. De acordo com a Lei da Atração, manifestação é definida como "algo colocado em sua realidade física por meio de pensamentos, sentimentos e crenças", o que se consegue através de meditação, técnicas de visualização ou uso do consciente e subconsciente. Pessoas que praticam a manifestação afirmam que, se com frequência sentimos emoções negativas, atrairemos negatividade. Em outras palavras, atraímos exatamente o que se destina a nós. Se formos positivos e visualizarmos o que desejamos, a coisa virá até nós. Pessoas são incentivadas a focar no que desejam, a eliminar todos os indivíduos tóxicos que apareçam e a serem muito pacientes. Enquanto esperamos que nosso desejo se manifeste, continuamos a vida normalmente, sem qualquer ação específica para a realização.

Parece fácil, não é?

---

9   O pornô de inspiração acontece quando pessoas sem deficiência comparam a vida delas à de pessoas com necessidades especiais e sentem prazer, satisfação e alívio com isso, pois a comparação as motiva a não reclamar, chorar, desistir. (N.T.)

Essa recomendação entra em conflito direto com a maioria das pesquisas psicológicas sobre motivação e realização de metas. Não há planejamento para os possíveis obstáculos, nenhuma avaliação das competências individuais e nenhum plano de ação. Também implica que coisas negativas quase sempre acontecem apenas para pessoas que as desejam, visualizam e manifestam. É gente que vibra em "baixa frequência" e dissemina vibrações ruins para o mundo. Mas, é claro, temos evidências de que isso não é verdade. Coisas ruins acontecem a pessoas boas todos os dias.

O problema surge quando não levamos em consideração nossas próprias limitações, influências sistêmicas, problemas eventuais e um plano de ação apropriado. É muito fácil seguir este esquema simples de manifestação e culpar o indivíduo caso não consiga fazer acontecer. Não conseguiu aquele carro novo que deseja? Você deve ter sido muito negativo. Tente de novo!

A manifestação incorpora alguns ingredientes essenciais que não são tóxicos ou prejudiciais. Para conseguir o que queremos, temos de saber o que é essa coisa e visualizá-la. Temos de acreditar que é possível. Temos de promover uma interação delicada entre a responsabilidade individual e da comunidade. Podemos integrar fatores externos que talvez impeçam a conquista de certos objetivos, ao mesmo tempo que encorajamos e inspiramos as pessoas a assumir as rédeas da vida e fazer o que desejam. Como uma alternativa à manifestação tradicional, gosto de usar a ferramenta WOOP (Desejo, Resultado, Obstáculo, Plano)[10] da dra. Gabriele Oettingen para ajudar as pessoas na escolha, no alcance e na avaliação de seus objetivos. Comece com estas perguntas:

- Qual é o seu Desejo?
- Qual é o Resultado ideal?
- Que Obstáculos você talvez encontre?
- Qual é seu Plano para conquistar o que deseja?

Use o WOOP para realizar praticamente qualquer coisa; ele também o ajudará a identificar objetivos sólidos e por onde começar.

---

10 Em inglês, *Wish, Outcome, Obstacle, Plan*. (N.T.)

É importante que reconheçamos limites autoimpostos ou imaginados, pois assim podemos trabalhar para superá-los. Reconhecer os limites que fazem parte da sua vida não significa desistir, mas sim se orientar para o que é certo para você.

Mas eu não quero ser negativo

Quando as pessoas ouvem o termo *positividade tóxica*, muitas vezes pensam que estou sugerindo que devemos ser negativos o tempo todo. Isso também não é útil e, absolutamente, não é disso falamos aqui. Abordamos a questão do equilíbrio. Ser humano significa abrir espaço para o positivo, o negativo e tudo o mais.

Imagens de felicidade constante nos bombardeiam o tempo todo. Quando internalizamos essas crenças, colocamos pressão em nós mesmos e nos outros. Parece que, se não somos capazes de alcançar essa mentalidade, estamos fazendo algo errado, há algum problema conosco ou estamos prestando um péssimo serviço aos outros.

Os próximos capítulos mostrarão o poder da compaixão, da vulnerabilidade e da curiosidade, e como elas podem nos ajudar a alcançar uma condição em que nos sentimos vistos, apoiados, conectados e ouvidos. Quando todas essas necessidades são atendidas, tudo se torna possível.

Reflexão

Reserve um tempo para pensar em sua vida e responda:

- Quando aprendeu que ser positivo era importante?
- Seus pais o incentivaram a sentir e expressar emoções diferentes? Expressaram uma variedade de emoções, como felicidade, raiva, tristeza ou decepção?
- Está preocupado em parecer "negativo"?
- O que acha que torna uma pessoa verdadeiramente feliz?

Você recebe aquilo que dá ao mundo.

O mundo pode ser cruel e aleatório. Infelizmente, mesmo recorrendo a toneladas de energia positiva, talvez continuemos na batalha. Esforce-se por uma vida que honre seus valores e tenha significado. Faça o melhor que puder e saiba que nem tudo de negativo que aflora em seu caminho reflete que você o atraiu.

CAPÍTULO 2

Por que a positividade nem sempre funciona

A positividade tóxica se infiltrou em algumas áreas importantes de nosso mundo. De pacientes com câncer a desempregados e pessoas em busca de consolo na religião, todos nós conhecemos a história de que pensamentos positivos tornarão tudo melhor. Hoje, é impossível navegar por negócios, saúde, religião ou ciência sem ser pressionado a ver o lado bom das coisas. Há uma razão pela qual essa cura não tão mágica está falhando, e a culpa não é sua.

Você não está desempregado; está *funemployed*[11]!

Alissa está comigo desde que começou a trabalhar em um imenso escritório de advocacia. Passa dias e noites curvada sobre uma escrivaninha lendo extensos documentos. Sente-se infeliz, estressada, sobrecarregada

---

11 O *funemployment* implica um período em que os indivíduos decidem aproveitar o tempo livre decorrente do desemprego até encontrarem outro. O termo foi cunhado nos Estados Unidos, durante a Grande Recessão, quando milhões de trabalhadores perderam seus empregos. (N.T.)

e não consegue sair dessa roda viva. Conversa comigo sobre como é sortuda por ter esse emprego (que, em minha opinião, parece tratá-la mal). Existem histórias de assédio sexual, falta de apoio e telefonemas e e-mails noturnos.

Mês após mês, apesar de sobrecarregada, Alissa é tão eficiente no trabalho que lhe dão ainda mais o que fazer. A enxurrada de obrigações vem acompanhada de ocasionais reuniões da equipe, nas quais o chefe exige sorrisos e entusiasmo. Às vezes, fazem jogos ou usam chapéus engraçados para aumentar as vibrações positivas do escritório. Ela me conta como seu chefe fica visivelmente irritado quando acha que o moral não está elevado o suficiente para o seu gosto. Através de conversas privadas, Alissa sabe que todo mundo está exausto e sobrecarregado, mas ninguém se manifesta em público, afinal, o salário é bom, o escritório é glamoroso e, na festa de Natal, todos se gabam da excelência da cultura organizacional. Reclamar, portanto, significaria que o funcionário "não dá conta" ou que "não dá valor ao que tem".

Por nossas conversas semanais, sei que Alissa não vai aguentar muito tempo nesse ambiente. Parece esgotada e olha pela janela enquanto explica seus níveis extremos de exaustão. Sabe que isso é ruim, mas não consegue se libertar. Passamos semanas trabalhando a questão de limites, com Alissa reunindo coragem para discutir os problemas com seu chefe. Por fim, corajosamente, resolve compartilhar com ele que não está dormindo direito e que, apesar de valorizar o trabalho e de querer que dê certo, não suportará tal carga por muito mais tempo. Em nossa sessão, Alissa conta como o chefe deu um sorrisinho irônico quando ela terminou. "Seja grata por ter esse emprego. As pessoas matariam por ele", o chefe retrucou. Alissa chora e me entristeço por ela, mas também não me surpreendo.

Apesar do ato corajoso de Alissa, nada muda no trabalho e estamos de volta à sessão de novo falando sobre o cansaço, os e-mails noturnos e a falta de limites. Ela tenta se convencer a continuar no escritório e "engolir tudo" porque, quem abandonaria um emprego quando há tantas pessoas desempregadas, e quem reclama quando, na verdade, a situação "não é tão ruim assim"?

Pessoas positivas sempre se dão bem na vida?

De acordo com a maioria dos *coaches* de negócios e empregadores, a positividade é um pré-requisito para a realização. Uma rápida pesquisa no Google sobre "como ter sucesso" renderá milhares de artigos sobre pensamento positivo e como progredir na vida. Os livros de negócios mais populares que prometem ajudá-lo a "enriquecer", como *Os segredos da mente milionária*, contam com o poder de nosso *mindset*[12]. O autor desse livro, T. Harv Eker, propõe que educação, inteligência, competências, *timing*, hábitos de trabalho, contatos, sorte ou escolha de trabalho, negócio ou investimento não ditam nosso futuro financeiro. Tudo depende da nossa atitude e crenças subconscientes. Se queremos ser ricos, precisamos ser positivos. Com todos esses programas de sucesso espalhados por aí propondo fórmulas fáceis, surpreende que não existam mais milionários!

O ambiente de trabalho moderno também evoluiu para um espaço que exige positividade: salas cheias de telas de TV, videogames, doces e sofás de cores vivas. Nos escritórios do Google em Tel Aviv, há até uma praia artificial e um escorregador e, em um dos escritórios em Londres, cabanas de praia e salas de reunião em formato de dados gigantes. As empresas estão criando playgrounds para escritórios, esperando que, assim, os funcionários se divirtam. Na verdade, *precisa-se* aproveitar cada momento. Caramba, você pode não querer sair nunca de lá!

Provavelmente, você também já escutou que precisa ter uma atitude positiva se quiser conseguir um emprego ou a próxima promoção. Em vez de ficar desempregado e queixar-se pela perda de emprego, dinheiro e oportunidades, agora se espera que estejamos "*funemployed!*". Existem conferências, livros, podcasts e artigos especificamente sob medida para ajudar pessoas desempregadas a encontrar o lado bom da situação. Até mesmo perder o emprego precisa ser divertido e inspirador! Esses eventos muitas vezes não consideram forças externas, como o mercado de trabalho, a economia e acesso a recursos. O desemprego é apenas uma

---

12 Em português, mentalidade. (N. T.)

montanha que se deve escalar com um sorriso no rosto. Que sorte ter essa oportunidade! #*Gratidão* #*Funemployed*

No ambiente de trabalho, quase nunca se celebra negatividade, e ninguém quer receber o título onipresente de "Nancy Negativa". Os empregadores querem – as vezes até exigem – positividade, mas a coisa está realmente funcionando?

Leve a sua negatividade para a jornada de trabalho

Gerenciar uma equipe não é fácil. A maioria dos empregadores e líderes de equipe diria que o trabalho ficaria mais fácil se os funcionários conseguissem ser agradáveis, sorrir e simplesmente fazer o que tem de ser feito. Reclamações e negatividade complicam o dia a dia na empresa, mas o que eles de fato querem é o pensamento de grupo, segundo Irving Janis, "o impulso psicológico para o consenso a qualquer custo". Aí está a descrição perfeita da positividade tóxica no ambiente de trabalho. O pensamento de grupo reprime a dissidência e a avaliação de alternativas. O funcionário receia falar porque isso vai comprometer o clima e quer ser visto como uma parte essencial do grupo – um jogador do time. Quando o pensamento de grupo se manifesta, todos parecem se sentir confortáveis (na verdade não estão) e, com as estratégias certas, consegue-se evitar a tensão por um tempo. No entanto, é uma situação difícil de ser sustentada. O pensamento de grupo e a pressão para manter uma fachada de positividade tornam os funcionários menos felizes, sufoca a criatividade e mantém o negócio estagnado.

Precisamos de negatividade no ambiente de trabalho, e é muito perigoso eliminá-la, sobretudo em setores criativos. Pesquisas mostram que a positividade tóxica, além de afetar a criatividade, impede que se vejam pontos importantes com os quais a empresa ou o cliente podem ter dificuldades. Peter Senge, autor de *A quinta disciplina*, define tensão criativa como a capacidade de articular a lacuna entre uma visão e o problema que precisa ser resolvido. Ao focar no negativo, ou no problema, a pessoa é capaz de visualizar possíveis soluções. No entanto, é impossível descobrir essa solução sem que primeiro se conheça o problema, o que quase sempre envolve reclamar, desabafar, lamentar e apontar propositalmente as falhas de alguma coisa. A maioria dos pensadores ou adeptos da positividade fugiria disso, mas é desse modo que resolvemos alguns dos problemas mais relevantes do mundo. Sem negatividade nas reuniões criativas, não teríamos a última novidade do iPhone ou tênis confortáveis. Se encorajarmos uma cultura em que não se permitem desacordos produtivos, nunca encontraremos soluções.

A positividade também sufoca a empatia pelo cliente. Se corrermos muito rapidamente para ela, não conseguiremos entender os problemas dele. Você já recebeu um prato diferente daquele que pediu em um restaurante? Sim, e quer não apenas que o substituam, mas também que mostrem compreensão e remorso. Caso se limitassem a buscar um novo prato sem dizer nada, você ficaria totalmente satisfeito? Não. A empatia genuína exige que ouçamos, entendamos e sintamos o que está acontecendo para que criemos uma solução direcionada. Isso significa dizer ao cliente que lamenta o erro, ouvir como isso foi frustrante, concordar com uma solução, prosseguir com ela e, em seguida, verificar se ele ficou satisfeito. Não conseguimos agir de tal modo sem ouvir e nos envolver com a negatividade.

Muitos funcionários relatam que são desencorajados a falar sobre problemas em nome de uma "cultura de trabalho positiva", embora as leis trabalhistas federais protejam explicitamente o direito dos funcionários de "reclamar das condições de trabalho para o público, incluindo os clientes". Apesar dessas proteções, queixas sobre assédio sexual, falta de diversidade, discriminação e outros tipos de preconceito ou questões fundamentais podem ser silenciadas em nome da "positividade", ou de ser um "jogador do time". Alissa lidava muito com isso no ambiente de trabalho, onde se esperava que todos ficassem gratos por não ser pior, e nada mudava. Depois de manifestar suas preocupações ao chefe e ser silenciada, soube que nunca mais se arriscaria a uma nova reclamação.

Talvez você também tenha vivenciado situações desse tipo. Muita gente me disse que quase sempre respondem às reclamações com coisas como uma rodada de pizza, um *happy hour* no trabalho ou com ainda mais *gaslighting*[13], como Alissa sofreu. Por esta razão, tantas empresas permanecem estagnadas: medo de que muita "negatividade" arruíne a cultura organizacional. No entanto, uma empresa não pode seguir em frente sem reconhecer o negativo. É essa a única maneira de promover mudança e progresso.

> *Gaslighting* é a manipulação e o controle da perspectiva de outra pessoa por razões antiéticas durante um longo período. É um desafio para a sua versão da realidade, forçando-o a questionar a si mesmo e o seu ponto de vista.

Gaslighting é a manipulação e o controle da perspectiva de outra pessoa por razões antiéticas durante um longo período. É um desafio para a sua versão da realidade, forçando-o a questionar a si mesmo e o seu ponto de vista.

Como evitar positividade tóxica no ambiente de trabalho

Existem algumas maneiras relevantes de continuar promovendo uma cultura de trabalho saudável e, ao mesmo tempo, incentivar a criatividade, expandir os negócios e promover o bem-estar dos funcionários.

O engajamento dos colaboradores constitui um dos elementos mais importantes de um ambiente de trabalho bem-sucedido. Quando estão engajados, sentem-se valorizados, seguros, respaldados e respeitados. Uma pesquisa da Gallup mostrou que o engajamento prenuncia bem-estar mais do que qualquer outro tipo de benefício oferecido e que os funcionários preferem um ambiente de trabalho agradável a recompensas materiais. Ajude sua equipe a se engajar de algumas maneiras simples:

---

13 O termo *gaslighting* surgiu do filme americano *Gaslight* (*À meia-luz*, 1944). Na trama, um marido, manipulando detalhes do interior da casa, tenta fazer a esposa acreditar que está ficando louca. A palavra é empregada em toda forma de manipulação cujo objetivo é semelhante ao do marido no filme. Na vida real, o manipulador psicológico age exatamente do mesmo jeito e causa muito sofrimento emocional à vítima. (N.T.)

- Mostre interesse genuíno pela vida dos funcionários, fazendo perguntas e demonstrando que seu cuidado por eles ultrapassa o que podem fazer por você e pela empresa.
- Mostre empatia quando as pessoas estão com dificuldades. Imagens cerebrais revelaram que, quando os funcionários se recordavam de um chefe sem empatia, ocorria aumento de ativação em áreas do cérebro associadas a fuga e a emoção negativa. O oposto acontecia quando se lembravam de um chefe empático.
- Enfatize o significado e a importância do trabalho. As pessoas se sentem e se saem melhor quando estão vinculadas à missão.
- Trate funcionários e colegas com respeito, gratidão, confiança e integridade.
- Incentive as pessoas a falar sobre os próprios problemas e ensine a elas que o líder tem seus interesses em mente. A pesquisa de Amy Edmondson, em Harvard, mostra que, quando os líderes são inclusivos, humildes e incentivam sua equipe a falar ou pedir ajuda, alcançam melhores resultados de aprendizagem e desempenho.
- Ajude funcionários e colegas. Jonathan Haidt, da Universidade de Nova York, constatou que líderes justos e abnegados fomentam a lealdade e o comprometimento dos funcionários em relação à empresa.
- Identifique as diferenças entre negatividade e resolução de problemas. Quem aponta problemas no ambiente de trabalho ou propõe novas ideias é muito diferente de quem reclama do gosto do café.

Criar um local de trabalho saudável é muito simples e barato. Não requer móveis sofisticados, mesa de pingue-pongue ou carrinho de café circulando pelo escritório todas as tardes. Seja humano e mostre aos funcionários que se preocupa com eles. Ouça-os e crie uma cultura de comunicação bem receptiva. Os resultados falam por si.

Sorria, você está com câncer

Eu me familiarizei com a positividade tóxica no sistema de saúde. Um parente próximo está cronicamente doente; com incapacitação, transita pelo sistema de saúde há anos. Também estagiei trabalhando com crianças e adultos diagnosticados com diversos de tipos de câncer. Em meu consultório particular, trabalho agora com adultos que lutam contra doenças crônicas. No começo, não entendia o que estava acontecendo, sem dúvida, alguma coisa bem bizarra: de fitas cor-de-rosa até banners de "Fique bom logo!", com um foco constante na positividade em todos os grupos de apoio. Para ser sincera, as cenas me irritavam, mas continuei bebendo o Kool-Aid como todo mundo. Ingenuamente, pensava que aí estava o caminho para a melhora. No entanto, cada vez mais irritada, me afundei em pesquisas sobre positividade e sua eficácia.

Acontece que não sou a única irritada.

A positividade tóxica que testemunhei no sistema de saúde – de médicos e equipe médica e entre a comunidade de doenças crônicas – poderia preencher todo este livro, mas a história que mais me marcou foi a de Alex.

O garoto tinha treze anos e convivia com um tipo agressivo de câncer. Comecei a trabalhar com ele e sua mãe, solteira e extremamente dedicada ao filho e à saúde dele, logo depois do diagnóstico. Os médicos não pareciam certos de que Alex viveria muito tempo mais. É trágico quando alguém recebe um prognóstico como esse; é muito mais trágico quando é uma criança. A mãe de Alex tinha o hábito de querer ver o lado bom de tudo. Recusava-se a usar a palavra *câncer* e constantemente se referia a ele como "isso". Sempre que Alex tentava falar sobre a doença, a mãe encarnava a Poliana[14]. Dizia-lhe que pensasse positivo, insistia que ele superaria e, por fim, mudava de assunto para algo mais alegre, como um programa de TV ou o clima. Sempre que falávamos sobre os exames,

---

14 Uma referência ao livro de Eleanor H. Porter, publicado em 1913 e considerado um clássico mundial da literatura infantojuvenil.

acrescentava a cada frase: "Mas estamos esperançosos e vamos superar isso!", e depois olhava para Alex com um sorriso triste, aparentemente implorando segurança. Era óbvio que vivia em intenso sofrimento, mas envolta em negação.

Com o passar dos meses, com a piora do prognóstico de Alex, o otimismo da mãe se intensificou, até ficar inviável que o filho conversasse com ela sobre sua condição, e o relacionamento de ambos se tornou tenso. Ele lutava para parecer corajoso no tratamento e durante as internações. A pressão para ser feliz o estava afetando, e compartilhou isso comigo nas sessões. Processamos sua dor e discutimos seus medos. Gostaria de verdade que a mãe tivesse compartilhado esses momentos com o filho, e sei que ela estava fazendo o possível para lidar com a possibilidade da perda, ou seja, estava fazendo aquilo que a vida inteira haviam lhe dito que funcionaria: pensamento positivo, manifestação de um resultado diferente e automonitoramento em busca de qualquer negatividade. Enquanto isso, Alex estava apavorado e se sentia sozinho.

O garoto morreu e se tornou uma das muitas pessoas com câncer que tentam permanecer vivas e simplesmente não conseguem. Não foi culpa dele, e nenhuma quantidade de pensamento ou manifestação positivos teria alterado o resultado. A mãe ficou arrasada, como qualquer parental nessa situação ficaria. Com sinceridade, parte de mim acredita que toda aquela positividade implacável a impediu de iniciar o processo de luto com Alex e compartilhar os últimos momentos com ele. Focava-se tanto em tornar as coisas felizes e manifestar um resultado diferente, que perdeu a pessoa bem ali diante dela – seu filho. Isso também dificultou as coisas para ele no final. Sei que se sentia apavorado e não queria que a mãe pensasse que ele havia perdido a esperança. Passar esses momentos com Alex não teria mudado o trauma de perder um filho, mas acho que minimizaria o golpe que sentiu quando finalmente precisou lidar com o fato de que seus pensamentos positivos não correspondiam à realidade. Agora, nem mesmo uma enxurrada de pensamento positivo eliminaria tanta dor.

O medicamento milagroso

Há um novo discurso nas áreas de saúde e bem-estar que parece defender que, se comermos os alimentos certos, fizermos atividades físicas, pensarmos positivamente, meditarmos e bebermos bastante água, nunca adoeceremos. Rotineiramente, descrevem saúde como ausência de doença e dizem que tudo começa na mente, como uma versão de bem-estar que parece se aplicar apenas aos privilegiados e fisicamente aptos, e coloca o ônus da responsabilidade completamente no indivíduo. No bojo dessa estrutura, prometem bem-estar àqueles que trabalham nesse sentido, recebem e merecem. Resultado: aumento do interesse em como os pensamentos negativos ou o sofrimento emocional desencadeiam doenças.

Sabemos que existe uma relação entre mente e corpo. Altos níveis de estresse implicam redução da resposta imunológica e maior risco de doenças. Emoções e pensamentos positivos desempenham um papel importante no controle da pressão arterial e na prevenção de outras doenças cardiovasculares. Níveis mais elevados de emoções positivas também beneficiam a recuperação e a sobrevivência de pacientes fisicamente enfermos. Não há dúvida de que as pessoas mais felizes tendem a permanecer saudáveis ou a se recuperar de doenças com mais facilidade. Também sabemos que adotar uma atitude positiva pode ajudar a lidar com os desafios de uma doença. No entanto, alegações sobre o pensamento positivo curar doenças são exageradas ou, em alguns casos, completamente desprovidas de evidências. O pensamento positivo atua como um trunfo na gestão da doença, mas não é a cura, nem o pensamento negativo é a causa de todas as enfermidades.

Positividade tóxica avança a passos largos na área da saúde, afetando não apenas o tratamento que os pacientes buscam, mas também o tratamento que os médicos dispensam aos pacientes, e ainda nosso discurso sobre doenças. Pessoas excessivamente positivas talvez até deixem de fazer um seguro porque confiam que tudo vai dar certo. Indivíduos que praticam a Lei da Atração talvez evitem médicos ou tratamentos honestos sobre seu prognóstico e, consequentemente mais negativos, o que pode comprometer ainda mais a saúde e levá-los à morte. Amigos e familiares que não querem estar próximos da "negatividade" talvez fiquem tentados a cortar o contato com quaisquer conhecidos que estejam lutando contra uma doença, pois acreditam que serão fragilizados ou que também adoecerão. A positividade tóxica na área da saúde nos deixa isolados, incompreendidos e, em última análise, sob risco.

Existem três áreas-chave em que constatamos positividade tóxica no sistema de saúde: entre os profissionais, entre os próprios pacientes e na forma como a população em geral fala sobre doença. A maioria dos profissionais de saúde realmente quer ser útil, mas a positividade tóxica pode levar a resultados inexpressivos ou até prejudiciais. Isso aconteceu com Alex, meu paciente. Eis o padrão típico: um novo médico assume o caso e, movido pelo profundo desejo de ser útil, faz muitas promessas que talvez não consiga cumprir. Empolga-se com a premissa de que ele é o melhor no caso. Há consultas, exames e análises laboratoriais. A empolgação aumenta com a promessa de progresso, mas às vezes simplesmente não consegue fazer melhor. A perspectiva positiva se destroça, e só resta ao paciente juntar os cacos. Muitos de meus pacientes com problemas crônicos de saúde relatam que deliberadamente escolhem não acreditar na empolgação de um médico, já se preparando para uma inevitável decepção. De forma alguma conseguem lidar com outra frustração.

Muitas vezes, profissionais de saúde prescrevem positividade como tratamento para inúmeros diagnósticos, na forma de "Seja positivo e vai superar isso" ou "Você não tem nada com que se preocupar", bem antes de uma cirurgia invasiva. As declarações bem-intencionadas visam encorajar, mas acabam despertando no paciente a sensação de abandono e incompreensão. Médicos também podem promover positividade tóxica e negação simplesmente por ser mais fácil trabalhar com tais elementos. Um paciente positivo e otimista quase sempre exige menos do que um paciente queixoso. Mas tal comportamento pode dificultar que paciente aceite sua realidade e passe a acreditar falsamente em um conjunto alternativo de fatos. Muitos pesquisadores defendem que o uso de positividade tóxica na saúde é antiético e até perigoso, desencadeando suposições infundadas de confiança, falta de empatia pelo paciente e desinformação.

A positividade tóxica também se disseminou na comunidade de doenças crônicas. Os pacientes constrangem e acusam uns aos outros de falta de empenho, e há uma necessidade implacável de parecer forte e positivo. As redes sociais estão repletas de histórias sobre pacientes que se curaram com positividade; negar ou questionar esse "tratamento" proposto implica negatividade. No meu trabalho, percebi que pessoas com doenças ou incapacitações não aparentes têm medo de agir de forma muito positiva porque outras não acreditarão que estão doentes. E temem ser muito negativas porque poderão considerá-las fracas ou pouco aplicadas. Então, não podem vencer.

A maneira como falamos sobre doenças também vem carregada de positividade tóxica. Em relação ao câncer, ouvimos: você está "lutando" contra a doença. Se "vencer", será um herói. Se alguém "perde" a "batalha" contra uma doença, está implícito que não se esforçou o bastante. Espera-se que cadeirantes ou pessoas portadoras de outras deficiências sejam inspiradoras e motivadoras em todos os momentos. Promovem-se angariações de fundos e desfiles com balões, fitas e prêmios, ocasiões em que tratam doenças em termos de preto e branco – alguém tinha a doença e agora não tem mais. Há poucos debates sobre os sintomas, o custo exorbitante do tratamento médico ou o isolamento e a solidão. Estamos comprometidos em dar um efeito positivo a tudo, e a doença vira algo que devemos erradicar com um sorriso.

Aproximadamente 133 milhões de norte-americanos convivem com doenças incuráveis e crônicas. Estima-se que 61 milhões de pessoas nos Estados Unidos tenham alguma incapacitação: são pessoas que podem nunca incorporar a definição convencional de saúde e bem-estar. Podem nunca "melhorar". Todas elas são apenas negativas? Não estão se esforçando o bastante? Manifestaram isso? Absolutamente não.

Bem-estar > *pensamento positivo*

A pesquisa sobre a eficácia do pensamento positivo como cura para doenças é terrível. Sabemos que existe uma relação entre otimismo e saúde.

Pesquisas mostram que o otimismo se associa a menor taxa de mortalidade, padrão de saúde mais elevado, recuperação mais rápida em algumas doenças e melhor resposta imunológica. No entanto, não podemos presumir que felicidade seja responsável por boa saúde, porque a pesquisa não definiu a direção da causalidade. Isso significa que alguém mais feliz pode de fato ter melhor sistema imunológico e quase nunca adoecer, o que cria ainda mais caminhos para a felicidade. Ou alguém doente pode ter mais dificuldade em administrar a doença, o que desencadeará sentimentos menos positivos. Em resumo, simplesmente não sabemos se uma boa saúde torna as pessoas mais felizes ou se a felicidade as faz adoecerem menos.

O estresse afeta negativamente a saúde, o que não significa que pensamentos e declarações repletos de positividade e otimismo sempre levarão a uma boa saúde. Certamente, todos conhecemos alguém bastante positivo que esteve doente ou até mesmo morreu. E também conhecemos alguém muito pessimista, que nunca comeu um vegetal e é saudável. Administrar o estresse e aprimorar a felicidade não garantem saúde, pois isso decorre de vários fatores e não pode ser reduzido a uma fórmula simples.

O pensamento positivo é uma estratégia capaz de ajudar alguém a superar atitudes e estados mentais desagradáveis, indesejados e destrutivos. É uma forma de fomentar o bem-estar, no entanto, precisa-se atender a muitas outras necessidades antes de essa estratégia ser efetiva.

Se a nossa intenção é erradicar a positividade tóxica do sistema de saúde, temos de nos afastar dela e levar nosso foco a uma definição mais ampla de *bem-estar*, na verdade, uma forma de avaliar como as pessoas percebem suas vidas. E aí entram elementos relacionados a: autopercepção de saúde, comportamentos saudáveis, longevidade, interação social, produtividade, funcionamento imunológico saudável, recuperação mais rápida e menor risco de doenças, enfermidades e lesões. A pesquisa de bem-estar também nos mostra claramente que saúde não significa apenas ausência de doença; é bem mais que isso.

É possível conquistarmos bem-estar quando certas condições são atendidas e temos espaço e recursos para encontrar significado na vida, atender às necessidades e lidar com o ambiente onde vivemos. Boas condições de vida, moradia e emprego são fundamentais para o bem-estar. Em vez de focarmos no pensamento positivo como cura, seria mais benéfico o acesso a salário digno, moradia, comunidades seguras, relacionamentos mais significativos, segurança alimentar e assistência médica. Então, poderemos nos concentrar em aprimorar nosso pensamento. A saúde não começa e termina na mente; ela existe no interior de nossas comunidades e floresce quando as pessoas se sentem emponderadas e preparadas para alcançar sua versão de saúde.

> A saúde não começa e termina na mente.

A ascensão de um deus "só *good vibes*"

A positividade tóxica e a religião têm uma longa história. No Capítulo 1, conhecemos os calvinistas e suas tendências pessimistas. A maioria das religiões era assim na época: pecadores que precisavam de salvação. E o medo se tornava real, em meio a muito fogo e enxofre. A remodelação da imagem que se tinha da religião levou à ascendência do Deus de Só *Good Vibes*. Ele nos quer felizes e ricos. Acredita que o amor resolve tudo e que, por seu intermédio, tudo é possível. Nessa Igreja, dúvidas e ansiedades sinalizam falta de fé, e é possível conquistar qualquer coisa por meio da oração, até mesmo a cura de transtornos mentais. Ah, e o Deus de Só *Good Vibes* acredita que tudo acontece por um motivo.

Liz nunca tinha feito terapia antes. Aluna da universidade local, decidiu entrar em contato com um terapeuta depois de anos com problemas de sono, pensamentos acelerados e falta de concentração na escola. Liz acabou no meu sofá em uma tarde de terça-feira, mexendo em seu chaveiro. "Estou muito nervosa. Meus pais me matariam se soubessem que estou aqui." Tentei tornar as coisas mais confortáveis fazendo algumas perguntas básicas. Liz finalmente se acomodou no sofá, e a instiguei: "Então, por que você acha que seus pais ficariam bravos por você estar aqui?" Ela fez uma pausa. "Eles acham que sou exagerada e que perdi minha fé na Igreja. Querem que eu ore mais e me engaje em nossa congregação. Minha mãe sempre diz: 'Liz, Deus nunca vai te dar mais do que você pode aguentar'... mas estou desmoronando. Não consigo lidar com isso."

Liz se sentia culpada em razão de a fé não conseguir levá-la a superar o problema. Não entendia por que estava sofrendo. Suspeitei que alguma coisa a mais afetava sua fé. Passamos semanas conversando sobre Deus e o relacionamento dela com sua religião. Conversamos sobre Igreja, estudo bíblico e fé. Liz compartilhou muitas coisas positivas sobre fé, como a esperança que lhe deu em tempos difíceis e como a comunidade a fez se sentir acolhida. Uma tarde, contou que achava que talvez fosse lésbica: "Só sei que estou fazendo algo errado. Talvez não esteja me esforçando o bastante. Esse sentimento nunca desaparece".

Liz estava lutando com o que chamaríamos de transtorno de ansiedade generalizada e sentia medo de explorar a própria identidade. Ela atendia a todos os critérios, e os sintomas estavam afetando significativamente diversas áreas de sua vida. Oração e fé provavelmente a ajudariam a lidar com o problema, mas ambas sabíamos que não o "consertariam". Então, ela começou a aceitar a ideia de que, se fosse lésbica, orar também não mudaria isso, e avançou, compartilhando ainda que não queria mesmo mudar.

Continuamos trabalhando juntas até ela criar coragem para contar aos parentais que estava fazendo terapia, mas ainda tentando encontrar um jeito de lhes contar todo o restante. Liz manteve sua fé em Deus durante todo nosso trabalho e continuou indo à igreja, orando ainda mais. No entanto, recorreu também a outras ferramentas, como medicação quando necessário e competências de enfrentamento da apostila de terapia de aceitação e compromisso. Suas orações também haviam mudado. Não orava por mudança ou "conserto", mas por aceitação, amor e força. Liz encontrou uma maneira de incorporar a fé à sua vida de uma forma que lhe fazia sentido – e isso começou com a aceitação de que ela é exatamente do jeito que precisa ser.

Deus quer que você seja feliz

Religião e espiritualidade sempre influenciaram nossa saúde mental e há muito fazem parte do cenário cultural. Religião começou como uma força mais onipresente e assustadora, com sua linguagem de pecado, morte e inferno. Várias religiões costumam recorrer ao medo, à vergonha social e à promessa de esperança para encorajar as pessoas a viver uma vida melhor e seguir as normas. Infelizmente, esse tipo de doutrina religiosa acaba trazendo um custo; vimos isso com o calvinismo.

Pesquisas mostram que a vergonha social só desperta sofrimentos e é uma forma contraproducente de criar vínculos entre as pessoas. Por fim, chegou-se a uma fase de exaustão diante dos ensinamentos tradicionais baseados no medo, comuns em todas as seitas religiosas. Religiosos modernos reconheceram que velhas formas de promover a religião não funcionam mais. Precisavam então encontrar novas maneiras de reunir as pessoas e deixá-las empolgadas com a religião, e foi assim, meus amigos, que nasceu o Deus só de Boas Vibrações.

Hoje, muitos pregadores populares são pensadores positivos que oferecem a promessa de riqueza, sucesso e saúde por meio de seus ensinamentos. Acreditam que existe o bastante para todos e que, se demonstrarmos um pouquinho mais de fé, conseguiremos tudo. Repetem a mesma mensagem de várias maneiras, mas uma coisa é clara: o diabo é o pensamento negativo. Robert Schuller, televangelista até sua morte em 2015, aconselhava: "Nunca verbalize uma emoção negativa". A televangelista Joyce Meyer afirma que nossa atitude determina o tipo de vida que teremos e que "é especialmente importante manter uma atitude positiva porque Deus é positivo". Nessas comunidades religiosas positivas, paira uma forte crença de que tudo acontece por uma razão, tudo faz parte do plano de Deus e que, se tivermos fé, não precisaremos nos preocupar, pois Deus quer que sejamos saudáveis, felizes e ricos. Se fracassamos em qualquer uma dessas áreas, basta que mudemos nossos pensamentos.

À medida que caiu o ritmo de afiliação religiosa tradicional, a espiritualidade moderna se tornou ainda mais atraente. O Pew Research

Center[15] informou em 2019 que o número de adultos americanos que se descrevem como cristãos caiu 12% na última década. Enquanto isso, a porcentagem de indivíduos que se descrevem como ateus, agnósticos ou "nada" aumentou 9% no mesmo período. Os índices de frequência religiosa também estão diminuindo. Cinquenta e quatro por cento dos norte-americanos dizem que participam de serviços religiosos apenas algumas vezes, ou ainda menos, ao ano. Muitas dessas pessoas estão deixando a religião organizada, institucional e se voltando para a espiritualidade. No entanto, infelizmente, também a espiritualidade moderna foi dominada pelo capitalismo de consumo e pelo pensamento positivo.

Na espiritualidade, muitas vezes chamam a positividade tóxica de "desvio espiritual". John Welwood cunhou o termo e o definiu como "usar ideias e práticas espirituais para evitar 'assuntos inacabados' pessoais e emocionais, para sustentar uma sensação instável, ou de menosprezar necessidades básicas, sentimentos e tarefas de desenvolvimento". Welwood notou que muitas pessoas estavam usando a espiritualidade como uma forma de evitar emoções e experiências dolorosas. A situação continua hoje em muitas práticas espirituais ou comunidades em todo o mundo que oferecem inúmeras maneiras de criar felicidade "ilimitada" e manifestar tudo o que sempre se quis, sem nunca reconhecer as barreiras interiores e sistêmicas que possam surgir no caminho.

Saúde mental e religião são amigas

Liz estava realmente lutando com sua saúde mental e sua identidade. A religião era, para ela, conforto e fardo. Sentia simultaneamente vergonha e salvação e achava que terapia e religião não podiam andar juntas. Tinha problemas para visualizar uma vida em que mantivesse a religião,

---

15 O Pew Research Center (PRC) é um laboratório de ideias localizado em Washington, DC, que fornece informações sobre questões, atitudes e tendências que estão moldando os Estados Unidos e o mundo. O PRC não defende causas. (N.T.)

sua verdadeira identidade e acessasse a ajuda de que precisava com base na ciência.

Pesquisas demonstram que o engajamento religioso mantém uma associação preventiva com o sofrimento psíquico. Isso não significa que pessoas religiosas não adoecem e estão sempre felizes, mas sim que a religião pode ser uma competência de enfrentamento produtiva e importante para algumas pessoas que estão sofrendo, talvez até em razão dos benefícios encontrados em uma comunidade. Pessoas que pertencem a um grupo religioso se beneficiarão do estímulo a comportamentos saudáveis e oportunidades de socialização com indivíduos de mentalidade semelhante. Fé e crenças religiosas também podem instilar esperança ou otimismo, sentimentos úteis em momentos de angústia.

Quando comunidades religiosas cultivam aceitação, fé e compreensão, associarmo-nos a elas pode ser extremamente benéfico. Se quisermos eliminar a positividade tóxica da religião, temos de focar naquilo que realmente precisamos e no que queremos dela – uma estrutura de esperança, coletividade e um conjunto de padrões de vida. Não outro lugar que nos faz sentir apequenados ou onde temos de buscar constantemente uma versão melhor e aprimorada de nós mesmos para alcançar a felicidade.

Ciência e pensamento positivo

Pesquisas científicas e psicológicas também têm contribuído muito para o fomento da positividade tóxica. Quando se popularizou a teoria evolucionista de Darwin, houve grande esforço para substituir a religião pela ciência como a voz da autoridade. Pesquisadores produziram muitos "estudos científicos" para provar que certas espécies se saem melhor graças a diferenças biológicas – como alto astral e autocontrole emocional. Experimentos científicos eliminando o tratamento de pessoas alcoólatras e tuberculosas, por exemplo, foram usados até mesmo para testar a resiliência e fornecer evidências para a seleção natural e a sobrevivência do mais apto.

O retrospecto dessa "ciência" pode hoje produzir choque e horror, mas cabe lembrar que eram os especialistas da época, com opiniões, investigações científicas e avaliações altamente consideradas na comunidade científica. Essas crenças se tornaram ainda mais populares pela promessa de felicidade. Pesquisadores e defensores da eugenia prometiam que, se simplesmente eliminássemos pessoas fracas e negativas, as que sobrassem estariam livres para buscar uma vida melhor e mais feliz; uma promessa que muitos não podiam ignorar.

Hoje, ciência e pesquisa ainda são consideradas fontes de informação das mais confiáveis e fidedignas e em geral o são. As coisas mudaram, e para melhor, desde os tempos da eugenia. No entanto, ao observarmos como a positividade tóxica resistiu ao passar dos últimos séculos, temos de olhar para o papel da comunidade científica e para o fato de a positividade continuar sendo vendida como testada e provada como chave para a felicidade.

Vi o impacto disso com Tory, que você conheceu no Capítulo 1. Ela é uma daquelas que realmente tentaram de tudo e não conseguiram alcançar esse objetivo indescritível de felicidade. Nesse caso, o mais interessante é a alegação de que a maior parte de tudo o que fez está embasada por evidências e pesquisas científicas. Isso a levou a sentir ainda mais vergonha quando as coisas não funcionaram do jeito que queria. Em nossas sessões, conversamos sobre pesquisas e limitações, e como nem tudo o que se relata será verdade para todos, em razão de não ter sido experimentado em todas as pessoas para todas as situações (isso inclui tudo o que respaldo com pesquisa neste livro). Discutimos como a ciência pode estar errada e como ainda precisamos usar discrição e cautela ao aplicá-la em nossa vida. Espero que tenha isso em mente ao ler este livro ou ao conhecer outras estratégias de bem-estar embasadas pela ciência. Pesquisa é necessária e quase sempre bastante útil. Mas a história também nos mostra como a ciência tem sido usada para manter certos aspectos problemáticos da ordem social e enquadrá-los como parte da busca da "felicidade".

Reflexão

Reserve um tempo para pensar nas mensagens que ouviu sobre positividade nas áreas a seguir e como elas o afetaram.

- Como se implementou o pensamento positivo em seu ambiente de trabalho? Já o usaram para mascarar questões mais amplas? O que tornaria seu ambiente de trabalho um lugar mais positivo?
- Profissionais da saúde já o incentivaram a recorrer à positividade? Como isso afetou sua cura ou a cura de alguém querido?
- Qual sua relação com religião ou espiritualidade? O pensamento positivo é parte de suas crenças? Como elas foram modeladas por líderes espirituais ou religiosos em sua comunidade?

Fique feliz por tudo que isso ensinou a você.

Você pode se sentir grato pela lição e ainda desejar que o evento não tivesse ocorrido.

CAPÍTULO 3

Quando a positividade não ajuda

Quando usada de modo inadequado, a positividade pode se tornar tóxica em variadas situações-chave. Identifiquei onze diferentes; são temas que, segundo meu ponto de vista, nós todos devemos encarar com cuidado e ponderação.

1. Infertilidade e aborto espontâneo

Annie passou por vários abortos e agora está lutando contra a infertilidade. Ela começou a se consultar comigo depois de concluída a faculdade e retomou a terapia após o primeiro aborto espontâneo, com sete semanas de gestação. Annie segue a maioria dos padrões estabelecidos e reclama que fez "tudo certo", mas ainda está sendo punida. "Fiz o curso superior e me formei. Nunca fui presa. Não uso drogas e parei de beber depois do primeiro aborto. Tenho um emprego e um marido atencioso. O que fiz para merecer isso?" Annie está lidando com um tema frequente que vejo na terapia – a "crença no mundo justo", um viés cognitivo e uma falácia que implicam que as ações de uma pessoa desencadearão consequências moralmente justas e adequadas. Em outras palavras, é a suposição de que coisas boas acontecem a pessoas boas, e coisas ruins acontecem a pessoas ruins. Acreditar nisso nos dá uma ilusão de controle sobre a vida e muitas vezes nos permite justificar acontecimentos inexplicáveis. Annie está tentando entender por que algo tão ruim pode acontecer a alguém tão bom.

Pessoas bem-intencionadas do convívio de Annie lhe ofereceram palavras inúteis de encorajamento para a batalha que ela estava enfrentando. Eis algumas delas:

- "O bebê um dia virá."
- "Deus só lhe dá um fardo que você consegue suportar."
- "Pelo menos há tantas outras maneiras de constituir uma família."
- "Tenha pensamentos positivos e o bebê virá. Se você está estressada, não vai dar certo."

Annie sabe que estão apenas tentando ajudá-la, mas os lugares-comuns positivos e as palavras de encorajamento a deixam com um sentimento de solidão, de incompreensão e com medo de compartilhar o que está sentindo. Annie quer que as pessoas saibam que sentiu que cada um daqueles bebês se destinava a ela e foi levado sem seu consentimento. Ela não entende por que algum Deus iria querer testá-la dessa maneira ou despertar nela tais sentimentos. Annie sabe que existem muitas maneiras de formar uma família e está feliz pelas pessoas que escolheram jeitos diferentes. Ela nunca manifesta julgamento algum em relação àqueles que adotaram uma criança ou recorreram a uma barriga de aluguel, mas quer engravidar. Quer vivenciar as mesmas experiências de outras mulheres que conhece. Quer passar por isso, e é seu direito lamentar essa perda se e quando precisar. Eu sei que Annie tentou pensar de modo positivo porque fez isso no meu consultório, a cada consulta e a cada nova tentativa de engravidar, buscando compreender os abortos iniciais. Ela tentou quando todos os médicos lhe diziam que o estresse e a negatividade a impediriam de engravidar. Culpou-se por não ser positiva depois de cada aborto e jurou que administraria melhor o estresse da próxima vez. Annie se esforçou tanto para ver o lado positivo que não conseguiu mais.

Annie e eu conversamos sobre o que ela gostaria que as pessoas tivessem feito ou dito durante as inúmeras consultas médicas, novos tratamentos e após cada aborto. Eis o que ela me contou:

- "Isso é tão doloroso/difícil."
- "Você quer falar sobre isso? Estou aqui para ouvir."
- "Vou deixar o jantar para você hoje à noite."
- Envie uma mensagem de texto antes ou depois de um compromisso importante para perceber como ela se sente.
- Não leve para o lado pessoal se ela não responder por um tempo. Esse assunto não é sobre você.
- "Essa perda é importante e faz sentido que você esteja sofrendo."
- "Eu sei o quanto você quer um bebê. Estou aqui para te apoiar em cada etapa."

2. Luto e perda

A família Fernandez entra no meu consultório na terça-feira de manhã para uma sessão de emergência depois da morte trágica do filho de 23 anos em um acidente de barco no fim de semana. Cada membro mostra sofrimento de uma forma única e pessoal. A irmã adolescente está sentada inquieta, em completo silêncio, enquanto esquadrinha a sala. A mãe, também calada, mantém os olhos fixos no chão, e o pai chora incontrolavelmente, o rosto coberto pelas mãos, o corpo inteiro estremecendo a cada soluço. O irmão mais novo tenta confortar o pai dando-lhe tapinhas nas costas. Todos estão sofrendo, e eu fico sentada lá olhando para eles; nenhum curso de capacitação ou experiência tornaria esses momentos menos desafiadores.

Passados alguns minutos, os soluços do pai começam a diminuir, o que entendo como um sinal de que posso iniciar a sessão. Começo perguntando a todos como estão e dando a cada um tempo para compartilhar e ser ouvido. A família toda questiona o sentido da vida, desesperada por respostas, imersa em uma dor indescritível. Falamos sobre como estão administrando o sofrimento e que apoio a comunidade poderá lhes dar. A irmã adolescente compartilha que eles não têm sido muito religiosos e que frequentavam o templo local só de vez em quando, nas festividades. Eles estão se perguntando se deveriam voltar a frequentar o templo. "Isso vai ajudar?", ela pergunta em tom de súplica. Eu sei que eles querem que lhes dê um manual sobre sofrimento e também sei que não poderei atendê-los. Esta é a minha mais significativa fragilidade como terapeuta. Sei que tenho de continuar no controle e me lembrando de que este é o trabalho, estar aqui, manter este espaço para eles e deixá-los sentir. Não existe manual.

O pai menciona que vários membros da congregação no templo tentaram transmitir-lhes palavras de encorajamento, falando coisas como:

- "Isso fazia parte do plano de Deus."
- "Seu filho está em um lugar melhor."
- "Ele não gostaria de ver você triste."
- "Seja forte pelos seus filhos."
- "Isso te ensina a sempre ser grato pelo que tem."
- "Tudo acontece por uma razão."

Assim como Annie, ele sabe que as pessoas estão apenas tentando ajudar, mas não entende como a morte do filho pode fazer parte do plano de Deus. A mãe não consegue compreender como qualquer outro lugar seria melhor do que estar com a família aqui em Miami. Eles compartilham a ideia de que, seja lá o que a tragédia deveria ensinar-lhes, a perda de um filho nunca terá sentido. Conversamos sobre como é bom para os outros filhos verem os parentais externarem emoções difíceis e lidarem com elas. Eu os ajudo a navegar na definição de "forte", e em como ser forte diante de uma perda tão imensa e trágica. Em última análise, a família concorda que as palavras ouvidas, embora bem-intencionadas, apenas os deixaram sentindo como se estivessem fazendo essa coisa de luto do jeito errado. Simplesmente não conseguiam encontrar uma única maneira de dar uma reviravolta positiva para a perda inesperada do filho em uma tarde ensolarada de sábado.

As queixas da família Fernandez sobre essas declarações não são únicas; eu as ouvi de inúmeras famílias que lidam com luto e perda. Eis algumas sugestões que talvez sejam benéficas para alguém que está sofrendo com uma perda:

- "Lamento que esteja passando por esta situação. Estou aqui e ouvirei se você quiser falar sobre isso."
- Envie uma mensagem de texto ou telefone.
- Respeite seus limites se eles não estiverem prontos para falar sobre o assunto, não quiserem ajuda etc.
- Ouça e ratifique o sofrimento da dor.
- Pergunte sobre o falecido ou a pessoa que não mais está na vida deles. Dê-lhes espaço para falar e compartilhar lembranças ou histórias.
- "Não sei o que dizer, mas estou aqui para você."

3. Doença ou incapacitação

Acredito que ninguém é mais encorajado a apenas "ser positivo" do que aqueles com doenças crônicas, incapacitações e problemas de saúde. Tenho trabalhado com essa população durante toda a minha carreira, mas a história de Michael ficará para sempre comigo. Michael é um homem transgênero que convive com vários diagnósticos de saúde mental e física desde os doze anos, lidando com um verdadeiro massacre de sintomas misteriosos. Isso significa que teve incontáveis oportunidades de *gaslighting* e dispensa dentro do sistema de saúde e entre família, amigos e pares.

Michael e eu nos encontramos por videoconferência porque é muito mais administrável quando ele entra em crise. Para esta sessão, Michael está em sua cama, provavelmente a única interação que ele conseguirá administrar hoje. Passamos muitas de nossas sessões processando as últimas consultas, administrando o isolamento de viver com doenças crônicas e em um processo de adaptação a um corpo em lento declínio. Michael recentemente foi alvo de uma notória positividade tóxica em uma comunidade on-line para métodos alternativos de cura e está todo entusiasmado. Ele sabe que eu odeio essas coisas, então passamos um tempo bem legal discutindo o que foi dito e como é arrogante ou inútil. Michael, que trabalhou extensivamente em sua identidade como um homem trans com doença crônica, quase nunca se sente ofendido ou reativo quando lê essas declarações, mas tem plena consciência de como elas foram nefastas no início de sua jornada. Ele compartilhou algumas das piores declarações que já ouviu:

- "Mas olhe para tudo o que você pode fazer!"
- "Adote uma atitude positiva se quiser vencer essa batalha!"
- "Meu amigo teve a mesma coisa e ficou bom, então eu sei que você também vai ficar!"
- "Nossa! Isso realmente lembra como a vida é preciosa e como devemos ser gratos pelo que temos."
- "Você é muito corajoso."
- "Por que não experimenta ioga ou alguns sucos? Têm me ajudado muito!"
- "Você nem parece doente. Sua aparência está excelente!"

Michael e eu conversamos sobre o valor de olharmos para as coisas que podemos fazer e sermos grato por elas, mas também sobre como essa afirmação é arrogante, em razão de não atender ou ratificar o sofrimento e o prejuízo de viver com a doença. Ele compartilhou os perigos de falar a alguém que ele vai ficar bom ou de pressioná-lo a tentar um tratamento só porque um amigo o fez, e eu concordo. Tenho visto isto entre muitos dos meus pacientes com doenças crônicas: dar conselhos ou sugestões médicas é quase sempre bem-intencionado, mas pode ser perigoso ou gerar falsas esperanças. A segunda frase – "Adote uma atitude positiva se quiser vencer essa batalha!" – é a mais comum de todas, e Michael e eu rimos como uma forma de lidar com a ironia da afirmação. Assim como Annie, a pessoa que a enunciou acredita no viés do mundo justo; acha que pensamentos positivos desencadeiam resultados positivos, como saúde garantida. Se alguém sabe que sorrisos, felicidade e otimismo não valem para todos, é Michael, que lentamente perde o entusiasmo pela vida conforme sua saúde se deteriora e o mundo segue sem ele.

Em tal comunidade on-line, Michael vivenciou e testemunhou a realidade de muitos doentes crônicos e incapacitados. Infelizmente, a ênfase excessiva no pensamento positivo pode levar à culpabilização e ao constrangimento da vítima na área da saúde, pois implica que quem trabalha pesado e adota a atitude certa sempre vence a luta pela saúde. As pessoas negativas, ao contrário, sempre a perdem. Nós, no entanto, sabemos que a coisa não funciona assim. Aqui estão algumas frases que Michael gostaria de ouvir:

- "Estou aqui por você."
- "Acredito em você."
- "Vou com você à sua próxima consulta, se isso ajudar."
- "Pesquisei seu diagnóstico e estou aprendendo sobre ele."
- "Hoje algum sintoma mudou?"
- "Sempre estarei aqui, não importa o que aconteça."
- "Você conhece seu corpo melhor que ninguém."

4. Conflitos nos relacionamentos amorosos

Pedro tem 54 anos e recentemente se divorciou da companheira com quem vivia há 20 anos. Em um dia bom, desfrutavam um relacionamento estimulante e apaixonado. Mas, nos dias ruins, eu classificaria esse relacionamento como tóxico, verbalmente abusivo e hostil. Pedro lutou muito para deixar a parceira e ainda encontrou muita resistência de sua família católica cubana. Tentamos durante pouco tempo a terapia de casal, mas, como a parceira não demonstrou remorso ou reconhecimento do abuso, eu disse a Pedro que a terapia de casal seria infrutífera e talvez até arriscada enquanto o relacionamento estivesse naquela situação. Ele decidiu seguir em frente com a terapia individual, e a parceira ficou feliz em não mais participar.

Pedro tinha muitas crenças profundamente arraigadas sobre compromisso, casamento e amor. Toda vez que tentava compartilhar os próprios sentimentos em relação ao divórcio com família ou amigos, eles solidificavam ainda mais essas crenças. Antes de decidir se divorciar, as pessoas diziam coisas como:

- "A pessoa certa nunca vai abandonar ou magoar você."
- "Pelo menos você tem alguém."
- "Amor significa sacrifício."
- "Tem gente que vive relacionamentos piores. Agradeça o que tem!"
- "Você precisa de amor. O amor vai te fazer superar isso."

Conversamos sobre como esses tipos de afirmações levaram Pedro a duvidar das agressões verbais que vivenciara no relacionamento e a rejeitá-las. A situação não só comprometeu sua autoconfiança, mas também o manteve preso em um relacionamento em que vivia em absoluta infelicidade, sendo com frequência menosprezado.

Depois de concluído o processo do divórcio, Pedro, então solteiro, continuou a terapia para processar o fim do relacionamento e o sofrimento. E notou que estava recebendo um tipo bem diferente de pressão: as pessoas agora queriam que ele visse o lado positivo e tirasse o melhor proveito de sua nova situação de vida. Todos diziam coisas como:

- "Ninguém vai te amar até que você se ame."
- "Curta a vida de solteiro. Eu morreria para ter essa liberdade de novo."
- "Você queria isso mesmo."
- "O povo adora gente positiva e feliz. A atitude certa ajudará você a encontrar a pessoa certa."

Parecia que Pedro tinha acabado de cruzar a linha de chegada para uma corrida e agora exigissem que corresse outra vez com um sorriso. Ele não suportava os pedidos de que tirasse o melhor proveito do relacionamento abusivo e agora aproveitasse ao máximo a nova vida de solteiro. Estava de luto, solitário e inseguro do que o futuro lhe reservaria.

É assim que aqueles que vivem conflitos nos relacionamentos amorosos veem a positividade tóxica. Queremos que as pessoas sejam felizes sozinhas e felizes juntas – não importa o que isso pareça ou as obrigue a suportar. O mito do amor dos contos de fadas persiste. Supomos que solteiros vivem infelizes ou não se esforçam o bastante. Relacionamentos terminam simplesmente porque o amor acabou, não tinham de ser, ou alguém não se empenhou como deveria. Tais pontos de vista silenciam as vítimas que sofrem abusos reais nos relacionamentos e fazem com que o estado civil solteiro seja evitado como uma praga. Aqui está o inverso disso:

- "Acredito em você."
- "Deve ser muito difícil ficar sozinho depois de todos esses anos."
- Convide a pessoa para uma atividade ou para um *check-in*[16].
- "Relacionamentos são coisas complicadas. Tenho certeza de que está fazendo o que é certo para você."
- "Amo você."
- "O estado civil não determina o valor que você tem."

5. Família e alienação familiar

Maggie é uma daquelas pacientes que só vêm à terapia quando enfrenta uma crise. Eu a vejo há anos, e nos encontramos por algumas semanas toda vez que alguma coisa acontece na família dela. Depois de algumas sessões, ela quase sempre relata sentir-se aterrada[17] e de novo em contato com os próprios valores. Maggie, então, resolve dar um tempo na terapia, e eu a encorajo, de modo sutil, a continuar para que possamos aprofundar a questão e então espero que ela me contate novamente após alguns meses.

---

16 Na terapia, o *check-in* ajuda a avaliar o estado de espírito e pode criar um foco para a sessão. Os *check-ins* também podem ajudar a fomentar o nível de conforto do paciente e criar um espaço seguro para compartilhar e superar a dificuldade. (N.T.)
17 A palavra "aterrado" se refere à capacidade de ter plena consciência do momento presente e estar de fato nele. (N.T.)

Maggie me envia um e-mail aterrorizada uma tarde depois de a mãe lhe enviar um e-mail "desconcertante". Ela não tem certeza de como responder e precisa de uma sessão. Então, marco uma consulta de encaixe para a próxima semana. A mãe de Maggie tem sido um problema constante na vida da filha. Bebida, gritos, críticas ininterruptas e completa falta de responsabilidade são apenas coisas com as quais Maggie aprendeu a lidar. Ela achava que todas as mães eram do mesmo jeito até começar a conviver com a família do marido. Maggie e eu temos trabalhado no estabelecimento de limites, não em normalizar comportamentos problemáticos e em ela comunicar suas necessidades. E alcançamos grandes progressos. Mas vez ou outra a mãe reaparece e viola um limite, ou acusa Maggie de algo de que ela não fez parte. Esta semana recebeu um e-mail acusando-a de ser egoísta e roubar dinheiro da conta bancária da mãe. Apesar de todo o trabalho com estabelecer limites, mensagens desse tipo vindas da mãe sempre magoam Maggie, levando-a de volta à infância, e ela precisa de uma pausa antes de reagir.

Com o passar do tempo, Maggie pensou em eliminar de sua vida a figura da mãe. No entanto, alguns anos atrás, um incidente a deixou com a sensação de que não conseguiria mais fazer isso. Na verdade, o problema é que, toda vez que ela pensa em afastar a mãe ou dá um passo nessa direção, acaba sendo criticada por outros familiares, que a inundam com positividade tóxica. Eis algumas:

- "Família é tudo."
- "É impossível que ela seja tão má assim."
- "Eu nunca eliminaria minha mãe da minha vida! Eu a amo!"
- "O sangue é mais grosso que a água."
- "Seja grata por tudo que sua mãe fez por você. Ela fez o melhor que podia."

Eles sempre insistem que ela veja o lado bom da mãe e adote uma postura um pouco mais tolerante. Alguns chegam até mesmo a negar que o relacionamento seja tóxico. Tal situação a deixou se sentindo totalmente isolada, incompreendida, como se ela fosse uma rainha do drama.

Maggie vivencia uma condição familiar comum. Queremos acreditar que os membros da família sempre nos tratarão bem e que nos amam, mas esse não é o caso. Quando parentes distantes ou vítimas de abuso são forçados a olhar para o lado positivo ou aceitar comportamentos tóxicos "porque é família", nós os vitimizamos e os isolamos ainda mais. Acho que Maggie conseguiria reconhecer o abuso sofrido e estabelecer limites com mais rapidez se tivesse mais apoio externo. Isto é o que ela gostaria de ouvir:

- "Deve ter sido uma tomada de decisão difícil."
- "Entendo que está fazendo o melhor para você."
- "Apoio sua decisão."
- "Nunca vou julgá-la por fazer essa escolha."
- "Estou aqui se quiser falar sobre isso."

6. Problemas profissionais ou perda de emprego

Alissa e eu vamos nos encontrar para outra sessão hoje. Estamos em pleno verão e os raios do Sol entram pelas janelas às oito e meia da manhã. Alissa agenda as sessões antes do trabalho; caso contrário, acabará cancelando-as no final do dia. Hoje, o tom de Alissa é um pouco diferente. Ela compartilha que quer deixar o emprego. Faço uma pausa por um minuto e permito que o silêncio preencha a sala. Alissa começa a falar novamente: "Não posso mais fazer isso".

Você deve se lembrar de quando Alissa compartilhou com o chefe que não conseguia nem dormir e que estava muito sobrecarregada, e ouviu como resposta: "Seja grata por ter emprego. Tem gente que mataria por ele". Essa é a positividade tóxica-padrão que Alissa escuta dos colegas e superiores no local de trabalho sempre que quer trazer à tona problemas reais do escritório ou apenas desabafar. E também ouve muito:

- "Gente positiva sempre se dá bem."
- "Você só precisa se esforçar mais!"
- "Sua atitude determina se terá sucesso."
- "Se você quer chegar ao topo, precisa estar disposta a se sacrificar."
- "Esse é o trabalho. Você sabia no que estava se metendo."

Essas declarações combinam muito bem com o treinamento *burnout*[18] e não propiciam nenhum apoio real na superação do esgotamento, assim como os donuts nas reuniões noturnas e as barras de chocolate no Natal, quando ela trabalha catorze horas por dia. O pessoal quer que ela seja feliz, positiva e bem-sucedida, mas não lhe dá o apoio de que precisa para chegar lá – ou as horas necessárias de sono. Aqui está o que Alissa e os colegas de trabalho desejam de fato:

- "Entendo suas reclamações e vou me reunir com a gerência para encontrar uma maneira de fazer isso funcionar para todos."
- Remuneração adequada e horas de trabalho razoáveis que permitam o equilíbrio fora do trabalho.
- "O ritmo de trabalho está mesmo muito pesado. Obrigado por todo seu apoio. Vou lhe garantir um tempo de folga quando concluirmos o projeto."
- "Obrigado por trazer à tona essa questão importante. Valorizamos as opiniões e os sentimentos de nossos colaboradores. Vamos encontrar uma maneira de trabalhar nisso."
- Menos festas e treinamentos, mais suporte efetivo no trabalho, folgas remuneradas e prazos justos.

---

18 O *burnout* é uma resposta psicofisiológica de esgotamento, exibida como resultado de esforços frequentes, às vezes extremos e geralmente ineficazes, de satisfazer demandas excessivas de treinamento e competição. Essa situação gera um afastamento psicológico, emocional e às vezes físico de uma atividade que antes trazia prazer, por uma resposta ao estresse excessivo ou à insatisfação acumulada com o passar do tempo. (N.T.)

7. Aparência física

Quase todas as minhas pacientes se referiram a questões relacionadas à aparência ou ao corpo na terapia. Leah é uma das que vivem em constante conflito com a imagem corporal. Ela é uma dietista de efeito ioiô, muitas vezes sugada para uma recém-lançada dieta amalucada ou para um tratamento de beleza. Leah, desesperada por melhorar sua imagem, persegue a beleza a todo custo, assumindo dietas que a controlam psicologicamente e a impedem de ter uma vida plena e significativa. A cada mês, enfrenta novas restrições sobre onde e o que pode comer.

Leah tem o hábito de falar de suas preocupações com as pessoas com quem convive na tentativa de se confortar. Ouço mulheres fazerem isso o tempo todo, inclusive eu: "Droga, minha bunda ficou tão grande!" ou "Estou muito mal hoje. Preciso malhar". Nós nos depreciamos publicamente para que outros nos confortem. Forma-se um ciclo vicioso que quase nunca funciona. Sempre que Leah se queixa de seu peso para amigos ou familiares, eles em geral reagem com os seguintes tipos de comentários:

- "Fala sério, você não engordou! Está linda!"
- "Engordou? Não está falando isso."
- "Você parece tão magrinha!"
- "Eu morreria para ter um corpo como o seu! Olhe para o meu (e menciona a parte do corpo de que não gosta)."

Esses "elogios" sempre reafirmam para Leah que o ideal é ser magra. Seus amigos aparentemente estão tentando confortá-la no sentido de que ela ainda está na "melhor" forma e, portanto, não deveria se preocupar. Apesar de os comentários serem bem-intencionados e gentis, Leah e eu conversamos sobre eles enfatizarem a ideia de que o objetivo é a magreza, e a obrigatoriedade, não engordar.

Em nossas sessões, falamos muito sobre "neutralidade corporal". Você talvez já tenha ouvido falar de positividade corporal, que rapidamente pode se tornar outra forma de positividade tóxica; isto é diferente. Enquanto a positividade corporal nos leva a amar nosso corpo e encontrar alegria em cada gordurinha a mais, em cada marca de celulite ou curva, a neutralidade corporal nos possibilita fazer as pazes com o corpo que temos. É a ideia de que podemos existir sem ter de pensar muito sobre o próprio corpo ou vê-lo como positivo ou negativo. Seu corpo é apenas seu corpo; alguns dias você vai gostar de partes dele ou de tudo, e outros dias pode entrar em conflito, mas é ainda apenas seu corpo. Embora convivamos com o gigantesco movimento on-line de positividade corporal e com a introdução da neutralidade, a busca da manutenção da magreza continua uma questão imperiosa para muitas pessoas. Somos bombardeados com a cultura da dieta a cada momento, e essa indústria bilionária atua para nos manter fascinados com a ideia de ser "saudável" ou magro. Leah luta com isso; eu tenho lutado com isso, e talvez você também.

Em vez de celebrarmos apenas determinados tipos físicos, todos podemos aprender a adotar uma postura mais neutra e compassiva com nosso próprio corpo e com os outros. Leah e eu conversamos sobre elogios que não se relacionam a peso ou aparência física, e também sobre como ela pode redirecionar a conversa sempre que alguém está se engajando em positividade tóxica ou apenas se criticando. Aqui estão algumas declarações diferentes que emergiram na sessão:

- Elogie alguma coisa que não se relacione ao corpo ou à aparência física, por exemplo, um traço da personalidade ou uma realização.
- Se alguém está falando negativamente sobre o próprio corpo, tudo bem encerrar a conversa ou mudar de assunto.
- Tente falar sobre o que o corpo faz por você, por exemplo: "Consegui fazer uma boa caminhada hoje", em vez de focar em quantas calorias você queimou ou em como uma atividade vai melhorar seu corpo, por exemplo: "Esta caminhada foi muito puxada. Aposto que mereço um cheeseburger à noite. Talvez eu seja má e coma um".
- Quando alguém se queixar do próprio corpo, em vez de retrucar com comentários elogiosos, tente mudar de assunto ou pergunte por que a pessoa está se sentindo assim. Também pode ajudar dizer: "Às vezes também me sinto mal com meu corpo e estou tentando trabalhar nisso". Desse modo, agirá no sentido de normalizar

como a pessoa está se sentindo sem minimizar ou mascarar a situação com um elogio.
- Tente passar algum tempo falando sobre outros assuntos além de comidas, calorias, dietas e imagens corporais. Observe quando amigos e familiares estão envolvidos nesse tipo de conversa e como ela lhe soa ou faz você se sentir.

8. Depois de um evento traumático

James me enviou um e-mail meio confuso em uma noite de domingo pedindo mais informações sobre terapia. O texto evidenciou que James não queria que eu pensasse que ele estava "doente" ou realmente "necessitado" de assistência. Então, liguei e marcamos uma consulta via telefone. Descobri então como ele vinha sofrendo nos últimos anos. Quando James era adolescente, um intruso invadiu sua casa, roubou a família e feriu o irmão mais novo, que dormia na cama ao lado da dele. James vinha vivenciando flashbacks intensos, insônia e pensamentos intrusivos desde o incidente, cinco anos atrás. Ele descreveu o acontecimento como "nem tão sério assim" e algo que "deveria já ter superado", mas ficou claro que o evento o afetou por completo, impactando, inclusive, sua sensação de segurança.

Depois do assalto, James tentou conversar com amigos e parentais. Todos lhe disseram que ele superaria o acontecimento ou algumas coisas do tipo:

- "Uau, você é tão corajoso!"
- "Pense em tudo que aprendeu."
- "Pelo menos ninguém morreu. Coisas podem ser substituídas."
- "Tudo acontece por uma razão. Você vai superar isso."

Assim como a família Fernandez, que perdeu o filho em um acidente de barco, James enfrenta muita dificuldade para entender por que o fato aconteceu e o que aprendeu além da contínua sensação de insegurança.

Sim, sente-se grato por todos estarem vivos, mas também deseja que seu irmão não tivesse sido vítima de agressão e que a casa ainda parecesse um local seguro. James era adolescente; não queria ser corajoso; só queria ser um garoto.

Uso com James uma modalidade de terapia chamada EMDR (Dessensibilização e Reprocessamento por Meio dos Movimentos Oculares)[19], para ajudá-lo a eliminar os flashbacks e recuperar a segurança no próprio corpo. A cada duas sessões, ele segue uma barra de luz com os olhos e passa por estimulação visual e tátil. James foca na angustiante imagem mental de um intruso em sua casa e nos detalhes posteriores à cena. Estamos trabalhando na integração da memória traumática para minimizar o sofrimento que desperta em James. Após cada sessão de EMDR, passamos um tempo processando como os sintomas o afetam. Ele fala muito sobre como gostaria que família e amigos o apoiassem mais depois dessa experiência traumática. Eis aqui algumas atitudes que James apreciaria:

- Valide como ele estava se sentindo sem minimizar o evento: "Entendo seu medo. Isso é assustador".
- Sente-se com ele e ouça seus sentimentos.
- Respeite limites, sobretudo se ele não estiver pronto para falar ou não quiser compartilhar algum detalhe.
- Foque menos no motivo do acontecimento e no que ele pode ter aprendido. Privilegie os sentimentos e o impacto do evento.
- Lembre-se de que, mesmo que tudo já tenha passado, ele ainda está afetado pelo acontecido.

9. Gravidez e parentalidade

Gravidez e parentalidade são coisas complicadas. Descobri que ninguém fala abertamente sobre o desafio de criar um ser humano. Estava grávida de cinco meses enquanto escrevia este capítulo e vivenciei muita positividade

---
19 Em inglês, *Eye Movement Desensitization and Reprocessing*. (N.T.)

tóxica vinda de outras grávidas e parentais. Assim que se compartilha a gravidez, opiniões, alertas e pedidos de gratidão começam a aflorar de todas as fontes – família, amigos, mídia social, propagandas e muito mais. Como muitas mulheres que geram um ser humano, eu também me engajei em minha cota de queixas de náuseas, dores e estrias. Aqui estão algumas declarações clássicas de positividade tóxica que recebi:

- "Curta cada minuto."
- "Espere. Você vai sentir saudades dessa época."
- "Agradeça por poder ter filhos."
- "Cada filho é um presente."
- "Tem muita gente por aí que gostaria de estar no seu lugar."
- "A gravidez é um momento mágico."

Magoa sempre que estou em busca de apoio ou encorajamento e alguém reage com um comentário desse tipo. Compreendo que estão tentando ajudar, mas a sensação de culpa inunda meu corpo. Começo a me criticar e me fecho – não querendo pedir apoio a ninguém por receio de parecer ingrata ou de ser rejeitada. Muitas das minhas pacientes grávidas que já têm filhos reverberaram o mesmo sentimento. Há uma imensa pressão para ser grato por todos os aspectos da paternidade/maternidade, caso contrário, cria-se a imagem de um parental ruim ou ingrato. Temos de mudar essa narrativa.

Afirmo com toda sinceridade que me senti grata por todos os momentos de minha gravidez, mas, droga, foram bem complicados os dias em que desabava sobre um vaso sanitário por horas e segurava o vômito enquanto estava sentada diante de um paciente vulnerável que não tinha a mínima ideia de minha agonia. Os dias em que minha pele estava sensível e meu marido queria me tocar; acho que gritaria se ele fizesse isso. Nesses momentos, era muito difícil para mim ser grata. Era difícil ver a criança como um presente quando acordava a cada trinta minutos para fazer xixi mesmo sem ter bebido água. Apesar de tudo, sou imensamente grata por meu bebê e pela gravidez. Então, aqui estão o apoio que esperava das pessoas e algumas sugestões que ouvi de pacientes:

- Quero desabafar; não me pressione a ser grata. Juro que sou.
- Não use o fato de que muita gente não consegue engravidar como uma forma de me levar a pôr os pés no chão. Sei sou sortuda, mas isso não impede que eu sofra.
- Valide meus sentimentos e saiba que estou apenas passando por um momento. "Caramba, isso soa doloroso" funciona muito bem.
- Basta aparecer e ser solidário. Traga-me uma refeição, envie uma mensagem ou se ofereça para lavar a roupa.
- Lembre-se de que cada gravidez é diferente. O que pode ter sido mágico para você é uma tortura para outra pessoa.

10. Racismo, homofobia, transfobia, capacitismo, elitismo classista, tamanhismo e outros tipos de preconceito

Nos últimos quatro anos, a internet e as redes sociais tornaram-se um espaço de acirrada tensão. No entanto, depois da morte de George Floyd, em maio de 2020, a web explodiu. Vozes vociferavam umas sobre as outras enquanto as pessoas com raiva (e justificadamente) teclavam exigindo respostas e justiça. A barulheira era vertiginosa, e observei o desenrolar de uma coisa bem interessante: a positividade tóxica se disseminou literalmente para toda parte, vinda sobretudo de brancos ou de pessoas que nunca foram afetadas por esse tipo de injustiça, as quais berravam por meio das pequenas telas de celulares para o buraco negro da internet. Os comentários rolavam:

- "Não podemos todos apenas amar uns aos outros?!"
- "Vamos caminhar juntos!"
- "Precisamos de paz."
- "Somos todos da espécie humana."
- "Não vejo cor. Amo todo mundo do mesmo jeito!"

Sim, seria maravilhoso se todos nos amássemos; aí está um objetivo que também eu gostaria de conquistar. Também seria ótimo se todos nós caminhássemos juntos e tivéssemos mais paz. E tecnicamente, sim, somos todos da espécie humana. Mas essa é a maneira mais benéfica e produtiva de reagir nesse momento?

Nunca vou fingir ser especialista em antirracismo, racismo ou qualquer outro tipo de preconceito. Aprendi muito com alguns professores e líderes incríveis nessa área e acho que vou continuar aprendendo e errando por muito tempo. Sinto-me muito confiante sobre como devemos reagir às pessoas quando elas estão vivenciando formas reais, mensuráveis e óbvias de preconceito e discriminação. E sei que reagir dessa maneira, quando alguém está assustado, é depreciativo e, em última análise, sem efeito. Se você já disse algumas das afirmações listadas, tudo bem. Pare e respire fundo; não significa que você seja uma pessoa má. Como acontece com qualquer tipo de positividade tóxica, apesar da intenção quase sempre boa, o impacto magoa e, em alguns casos, pode desencadear efeitos nocivos. Trata-se de reconhecê-lo e pensar por que pode não ser benéfico.

Na verdade, a base da positividade tóxica vem revestida de arrogância e encerra o diálogo, efetivamente dizendo: "Não, seu sentimento é errado, e aqui está por que você deveria ser feliz". Ou seja, o oposto do que queremos fazer quando as pessoas estão sofrendo. Ao falarmos sobre racismo ou qualquer outro tipo de preconceito com aqueles que o enfrentam ou que têm experiência com essa identidade, queremos abrir espaço, legitimá-los e, então, agir para lutar contra as estruturas que nos norteiam. Precisamos estar dispostos a atuar quando não temos experiência pessoal ou percepção de como é viver nessa situação, e aí está um daqueles momentos em que vale ceder aos especialistas. Nem todo grupo de pessoas marginalizadas ou em dificuldades sente a mesma coisa. Cada uma – negras, incapacitadas ou desgostosas com o corpo – terá uma experiência um pouco diferente; não formam um grupo monolítico. Por essa razão, é fundamental que deixemos de lado o lugar-comum e as ouçamos.

Tenho aprendido algumas ações e palavras a que podemos recorrer, incluindo declarações de maravilhosos educadores antirracistas da comunidade. Erin Matthews, LCSW, Rachel Cargle e Tarana J. Burke são algumas das pessoas que solidificaram minha formação. Também tenho aprendido com muitas outras que estão lutando contra o sexismo, a homofobia, o capacitismo, o tamanhismo e outros tipos de preconceito em nossas comunidades. A mais importante lição de minha formação é que falar é barato, e lugares-comuns são ainda mais baratos. Temos de aprender a agir.

Da próxima vez que você se sentir compelido a recorrer à positividade tóxica em resposta à luta de alguém em uma ou mais dessas áreas, sinta-se à vontade para empregar uma destas sugestões que coletei:

- Ouça as pessoas com experiência de vida e diga: "Acredito em você".
- Pesquise. Encontre livros, sites, podcasts etc. para se informar sobre como incluir um desses muitos grupos marginalizados.
- Converse com amigos, familiares e colegas de trabalho sobre esses temas.
- Siga influenciadores on-line que fazem parte desses grupos.
- Apoie iniciativas voltadas a indivíduos marginalizados.
- Remunere os funcionários de forma justa e tenha representação adequada no local de trabalho.
- Responsabilize empresas preconceituosas.
- Vote em leis e líderes que apoiem esses indivíduos.
- Admita quando estiver errado e crie um plano para melhorar.
- Lembre-se: este é um processo que nunca termina.

A lista, obviamente, não está completa e há muito mais que podemos fazer, mas é um ótimo início. Abordaremos como a positividade tóxica continua a sustentar essas estruturas sociais no Capítulo 8.

11. Questões relativas à saúde mental

Liz lutou contra a ansiedade e tentou conciliar sua fé em Deus com a necessidade de tratamento de saúde mental. Ela, finalmente, trabalhou a coragem para contar aos parentais sobre a terapia, mas levamos muitas sessões para chegar a esse ponto. Em uma dessas sessões, Liz e eu conversamos a respeito dos parentais e como as crenças deles afetam a ansiedade contra a qual ela se empenha. Eles desencorajavam qualquer tratamento de saúde mental, que encaravam como falta de fé.

Os pais de Liz com muita frequência diziam coisas como:

- "Você não está doente!"
- "Você tem tudo. Por que estaria ansiosa?"
- "Agradeça o que tem e seja feliz. Foque isso."
- "Pense em coisas mais felizes e tudo ficará melhor."
- "Você só precisa ser mais positiva."

Esses tipos de afirmações são comuns entre pessoas que não entendem completamente a natureza ou a complexidade dos problemas de saúde mental. Para elas, bastam fé e atitude positiva para o controle mental. Portanto, não faz sentido que alguém esteja de fato tentando ser feliz ou viver menos ansioso e ainda seja incapaz de cair fora dessa situação.

Problemas de saúde mental são complicados e quase nunca é possível identificar as causas. Como terapeuta, sei que ninguém quer melhorar mais do que o paciente que está em tal situação. Em outras palavras, nunca encontrei alguém em terapia que apreciasse a batalha com sua saúde mental e não queira sair dela. Sei que até pode não parecer assim, mas é verdade. As pessoas quase sempre se apavoram, não sabem por onde começar ou não entendem como alguma coisa poderia ser mesmo diferente.

Ver alguém com problemas de saúde mental é desafiador. A situação pode fazer o outro se sentir como se estivesse afogado, portanto, incapaz de salvar aquele de quem gosta, o que nos pressiona a recorrer a todo tipo de coisa, até positividade tóxica, na tentativa de ajudar. Liz entendeu que os parentais tinham boas intenções, que queriam ajudar. Aqui estão ações ou palavras que ela apreciaria:

- "Acredito em você e sei que não quer se sentir assim."
- "Sei que você está tentando."
- "Apoio você e estou aqui para ajudar."
- Sente-se com ela nos momentos em que ela estiver em dificuldades.

- Informe-se sobre o problema por meio de pesquisas e questionamentos.
- Reconheça que, mesmo aqueles que têm tudo, ainda podem enfrentar problemas de saúde mental.

Reflexão

- Você viveu situações de vida em que a positividade foi inútil?
- Viveu situações em que a positividade foi útil?
- Se você já lidou com qualquer uma das onze situações apresentadas, que tipo de apoio ou de ajuda gostaria de ter recebido?
- Como este capítulo o ajudou a entender as diferentes maneiras pelas quais as pessoas gostam de receber apoio?

Tanta gente passou por situações bem piores. Agradeça pelo que você tem.

Sempre haverá alguém que está pior e alguém que está melhor. Reconhecer que algo está pior talvez lhe ajude a encontrar um caminho, mas não minimiza o que você está sentindo. Não há problema em se queixar de algo pelo qual você é grato.

CAPÍTULO 4

Dar um basta na vergonha

Dominei a arte de simular uma aparência mais jovem, o que não significa colocar um vestido e fingir ser uma princesa. Meu fingimento envolvia pisar em ovos e esconder qualquer coisa que não fosse perfeita ou bonita. Envolvia comprar um guarda-roupa novo nos momentos de tristeza e negar que ela existisse. Sempre havia uma nova compra, um evento ou uma viagem para esconder e compensar a existência de cada emoção negativa. Aprendi que, se você vai se entristecer, é melhor que haja uma boa razão. Também me tornei consciente de que não se podia ficar triste se tivesse à mão coisas e recursos. Alguém sempre estava pior, o que era motivo para negar, negar, negar.

Então, tornou-se evidente que havia sentimentos "bons" e "ruins". Não importavam os acontecimentos, a gente se vestia, estampava um sorriso no rosto e fazia o trabalho. Se alguém nos magoou e tentávamos trazer isso à tona, estávamos sendo "negativos". Enquanto todos acreditassem na nossa felicidade, éramos de fato felizes. Percebi que o objetivo não era ser feliz, mas parecer feliz.

Muitos de nós nos enredamos nessa armadilha. Tentamos parecer felizes nas mídias sociais antes de realmente avaliarmos como nos sentimos por dentro. Quando as pessoas nos perguntam como estamos nos sentindo, mentimos e dizemos "Ótimo!" com um sorriso forçado. Fingimos porque achamos que assim temos de agir. Estamos apavorados com o que acontecerá se pararmos de fingir. Vou assustá-los? Eles serão capazes de lidar com o que realmente sinto? Melhor não correr o risco, certo?

> Sentir-se deprimido ou ansioso é difícil. Fingir que não é se torna ainda muito mais difícil.

Olhando para o passado, vejo que passei muito tempo da minha vida fingindo. Fingindo felicidade, fingindo confiança, fingindo apreciação pelo meu corpo. Isso virou uma segunda natureza, como apertar um interruptor. E, com sinceridade, acho que aí está a razão não apenas de me sentir tão desiludida com a ladainha de fotos perfeitas no Instagram, mas também de estar perto de gente que age de modo feliz o tempo todo. É como se eu soubesse o segredo delas. Por um tempo, acreditei mesmo que fingir era a única maneira de viver. Dizia a mim mesma que tinha segurança econômica e, então, não podia ficar triste. Eu estava em um corpo "normal", então não podia odiá-lo. Frequentei uma boa escola, então não podia reclamar. "Tenho muito a agradecer; outras pessoas vivem pior, e eu deveria estar feliz". Mensagens desse tipo ecoavam sem parar na minha cabeça. Uma montanha de gratidão forçada foi despejada em cima de cada emoção angustiante que senti até que, literalmente, não consegui mais respirar. Sentir-se deprimido ou ansioso é difícil. Fingir que não é se torna ainda mais difícil.

Aos vinte e poucos anos, percebi que estava exausta de fingir, lutando para manter a fachada. Decidi, então, ser muito sincera sobre meus sentimentos; alguns diriam que exageradamente sincera. Não conseguia estar perto de alguém que fingia alegria. Comecei a perceber como eu aparentava ser nas redes sociais, o que ia de encontro aos meus sentimentos. Também vi a mesma coisa em outras pessoas. A amiga que sofria por uma separação, mas, mesmo assim, postou dez selfies sorridentes com a legenda: "Viver é incrível!". A mãe que não falava com os filhos há um mês e postou uma foto dizendo: "Adoro meus filhos!". E os muitos, muitos rostos sorridentes que me fitavam enquanto eu navegava por imagem após imagem no Instagram. O problema não era o fato de as pessoas aparentarem tanta felicidade nas mídias sociais ou não estarem sendo vulneráveis com todos os seus seguidores. Afinal, não se precisa transmitir vulnerabilidade pública e compartilhar todos os sentimentos com o mundo. Meu incômodo decorria da completa incongruência entre a condição da vida real e o que mostravam ao mundo. Havia pressão para aparecer publicamente de um jeito e esconder todo o restante. Essa percepção implicou o término de relacionamentos e muitas dificuldades. De maneira bem lenta, a positividade tóxica perdia o controle sobre mim.

Ingenuamente, eu achava que era a única que se sentia assim, mas quase nunca estamos sozinhos em nossas sensações. Paciente após paciente se acomodou em meu sofá e me falou sobre a positividade tóxica. As mensagens bem-intencionadas de amigos e familiares, as horas felizes de trabalho em empregos sugadores de alma e a pressão para parecer que vivenciavam tudo isso. Com frequência imagino como são as páginas de mídia social deles (nunca olhei porque, bem, questão de ética), e já me peguei perguntando se contradiziam completamente o que compartilhavam na terapia. Será que de fato acreditaram em todas as postagens? Ou só queriam que os outros acreditassem?

Quando iniciei minha formação para me tornar terapeuta, percebi um foco bem acentuado nas emoções e nos pensamentos positivos. Aprendemos sobre emoções difíceis da perspectiva de transtorno mental, e o objetivo estava na transformação das emoções negativas em positivas. Eu queria erradicar de vez o sofrimento, não aprender a viver e a lidar com ele. E sei que estava distribuindo positividade tóxica como balinhas aos meus primeiros pacientes. Se você está lendo isso, peço desculpas, mas achei que precisava saber. Meus pacientes estavam cansados de esconder os próprios sentimentos dos amigos, cansados de sorrir no trabalho e cansados de postar fotos no Instagram depois de chorarem sozinhos no banheiro. Com o tempo, ficou claro que estávamos todos aborrecidos, fartos da positividade tóxica e muito receosos de dizer qualquer coisa. Sinceramente, eu me sentia feliz por não estar sozinha.

Como usamos a positividade tóxica contra nós mesmos

É isto que a positividade tóxica faz conosco: a armadilha de uma vida de fingimento até a saturação. Ela nos diz que, se alguém está em uma situação pior, não podemos ficar tristes. Se há alguma coisa a sermos gratos, a gratidão deve ser a única emoção. Diz que devemos ser felizes e superar agora as dificuldades emocionais. Ficamos escondidos atrás de uma massa de alegria falsa, isolados e sozinhos. A positividade tóxica fomenta sentimentos de vergonha, inadequação e isolamento. Apesar de muitas vezes revestida de boas intenções, não nos ajuda em nada.

Usamos positividade tóxica contra nós mesmos quando dizemos coisas do tipo:

- "Eu já deveria ter superado isto."
- "Eu deveria ser feliz."
- "Tenho muito a agradecer."
- "Outras pessoas estão em situação pior."
- "Eu não deveria me sentir assim. Minha vida é completa."
- "Outros adorariam ter meus problemas. A coisa não é tão ruim."

A positividade tóxica nos afeta de muitas maneiras, incluindo:

- Eliminar a curiosidade e a exploração da emoção.
- Gerar o sentimento de vergonha por sermos "negativos".
- Fomentar o desejo de não interação social.
- Reprimir a emoção, tornando-a mais intensa e difícil de ser administrada.

A positividade tóxica nos diz que nosso sentimento é errado e que não deveríamos senti-lo. Exige que tenhamos uma razão "bem boa" para qualquer tipo de angústia. Ao acreditarmos que determinadas emoções são certas e outras não, estamos condenados ao constrangimento quando vivenciamos mais as últimas e menos as primeiras. E por essa razão, acabamos tentando reprimir e esconder todas as nossas emoções difíceis com compras, comida, bebida, mídia social e qualquer outra forma de entorpecimento que conseguimos alcançar. Queremos sair da angústia o mais rápido possível para evitar a vergonha de senti-la. No entanto, envergonhar-nos por uma reação normal e biologicamente programada a um estímulo não nos levará a lugar nenhum, culminando apenas em mais vergonha, fingimento e ocultação.

Quando usamos a positividade tóxica contra nós mesmos, ocorre um bloqueio da curiosidade e da exploração emocional. Pense. Nos momentos de tristeza, se alguém lhe diz "seja feliz", você vai continuar falando sobre isso? Não. Provavelmente vai encerrar a conversa. Estamos tentando negar uma emoção porque ela não se alinha com a que achamos que deveria estar lá. Mas aí está a coisa: emoções não são racionais. É impossível ignorá-las ou negar que existam. E mais, elas nem sempre dizem a verdade, e às vezes as interpretamos de maneira incorreta, mas estão lá por um motivo. Dizer a nós mesmos que não deveríamos estar sentindo algo não mudará a realidade.

Sempre que tentei mascarar meus sentimentos recorrendo à positividade, senti-me culpada ou constrangida, ou ambos. A culpa nos diz que fizemos algo ruim; a vergonha, que somos maus. Quando nos condenamos por um determinado sentimento ou tentamos camuflá-lo com pensamentos positivos e gratidão, ficamos envergonhados, isolados e com medo de compartilhá-lo com outra pessoa. Se todo mundo está feliz, também deveríamos estar. Se vivenciamos sentimentos negativos, bem, alguma coisa está errada conosco.

A positividade tóxica também compromete a interação social. Se acreditamos que todo mundo está feliz (porque é isso que estão nos dizendo e nos mostrando) e estamos em uma situação conflituosa, é melhor não contarmos a ninguém, para assim evitar ser alvo de julgamentos ou críticas. É bem complicado interagir quando nos sentimos isolados, como se fôssemos os únicos vivenciando algo. A positividade tóxica nos transmite a mensagem de que devemos ser felizes o tempo todo; qualquer outra coisa é fracasso. Mas, e se todos estamos sentindo tantas coisas e vivenciando a solidão sem necessidade? E se nossas angústias forem mais semelhantes do que diferentes? Se soubéssemos que mais alguém está sofrendo, seria muito mais fácil compartilharmos conflitos e sucessos. Isso minimizaria a pressão, permitindo-nos apenas ser.

Por que afirmações positivas não estão funcionando

Aos dezessete anos, fui a um terapeuta. Na segunda sessão, ele me colocou diante de um espelho dizendo afirmações positivas para mim mesma, como "Eu me amo" e "Eu sou digna". Nunca mais retornei.

Com toda sinceridade, afirmações positivas sempre me soaram meio forçadas, inautênticas e estranhas. Eu as tenho experimentado ao longo do tempo, porque as pessoas se encantam com elas, e sempre me senti pior. Foi complicado para mim encorajar meus clientes a usá-las depois de minha própria experiência pessoal.

Se estamos imersos em dificuldades emocionais, afirmações positivas talvez ressoem em nós como pura falsidade. Descobri que ninguém quer admitir isso. É como se nos dissessem reiteradamente que o pensamento positivo deve funcionar e funcionará, o que nos impulsiona a repetir "Eu sou incrível! Eu me amo!" enquanto observamos o espaço e pensamos: *Isso está realmente funcionando? Estou fazendo algo errado?*

Não estou negando o incrível poder da linguagem; sem dúvida é também uma expressiva parte do meu trabalho com os pacientes. Toda vez que escrevo sobre esse ponto, sempre alguém me diz que preciso pesquisar o poder do pensamento positivo e da linguagem. Sim, a ciência é muito clara: a linguagem positiva nos impacta em algumas situações, e a linguagem negativa pode ter impacto negativo sobre nós, psicológica e fisicamente. Mas não é tão preto no branco assim. Pensamentos e afirmações positivos se mostraram mais eficazes em indivíduos com elevada autoestima, caso contrário, o pensamento positivo é contraproducente. Essas pessoas enfim percebem que as palavras não soam verdadeiras, o que talvez ainda acentue a depressão. Descobriu-se que o hiperotimismo também traz um risco extra de depressão, na medida em que pessoas que o incorporam demonstraram falta de preparo quando confrontadas com situações difíceis ou de risco.

Não é tão simples assim: repetir afirmações positivas = felicidade.

A seguir estão alguns motivos pelos quais as afirmações positivas talvez não funcionem.

Se você acha que a afirmação positiva não é autêntica, ela não vai funcionar

Digamos que seu objetivo seja amar a si mesmo. Muito bom, mas, além do fato de que você não vai sentir esse amor todos os dias, a frase "Amar a si mesmo" incorpora um objetivo bastante ambíguo. Você talvez nem sequer saiba o significado dela. Provavelmente ainda haverá coisas que o atingirão, dias em que não se sentirá bem e momentos em que se olhará no espelho e pensamentos negativos aflorarão. Se você estiver em uma situação de que realmente não goste ou na qual não se autorrespeite, amar a si mesmo pode parecer impossível. Se acha que esse é sempre o objetivo, vai se sentir um fracasso nos dias em que for mais difícil incorporar essa afirmação.

Se você se odeia e começa a dizer reiteradas vezes "Eu me amo", talvez ajude por um momento, mas logo será resumido a mera barulheira. Começará a soar falso e vazio. Caso você seja como as centenas de pessoas que compartilharam esse mesmo cenário comigo, provavelmente se sinta um fracasso. A culpa não é sua; a afirmação foi exacerbada para o momento.

Se a afirmação não provocar mudança de comportamento, não vai funcionar

A afirmação precisa ser ratificada pela ação que informa a crença. Se você continuar engajado em comportamentos que a negam ou vão de encontro a ela, será ainda mais difícil incorporar a afirmação positiva.

Temos de levar em conta nossos pensamentos e nossos comportamentos. Constitui uma excelente prática perguntar-se: *Como posso manifestar essa afirmação? Como posso mostrar a mim* mesmo *em que quero acreditar?*

Se continuar a recorrer à afirmação "eu me amo", reflita:

- O que significa amar a si mesmo?
- Como posso demonstrar que me amo? Que comportamentos manifestariam essa crença?
- Como vou mostrar amor a mim mesmo em situações difíceis?

Se não houver empenho para criar aceitação interna, amor e autorrespeito, não vai funcionar
Ao recorrermos ao emprego de afirmações, estamos tentando conquistar um espaço de amor, aceitação e autorrespeito. E para acreditarmos nelas, temos de acreditar que merecemos benevolência. Se você ainda mantém a crença de que não é digno de amor ou bondade, a afirmação soará vazia de sentido. Precisamos de fato acreditar na autenticidade da afirmação e de outras coisas positivas.

Acho proveitoso que se inicie o processo com a possibilidade de algo ser verdade e a criação de uma afirmação flexível. Por exemplo, se o objetivo é amar a si mesmo, a afirmação se tornará mais flexível e verossímil nos momentos em que for difícil encontrar aceitação, amor e autorrespeito.

Então, no lugar de "Eu me amo", você diria:

- "Posso aprender a me amar."
- "Aceito que não vou me amar todos os dias."
- "Vou tentar demonstrar amor a mim mesmo até quando for difícil."
- "Se eu não conseguir me amar hoje, vou tentar de novo amanhã."
- "Às vezes é complicado amar a mim mesmo, mas ainda estou tentando."

Quando abrimos espaço para compaixão e possibilidade de algo acontecer, estamos criando flexibilidade mental. Isso nos leva à compaixão quando a afirmação não soar verdadeira e cria espaço para a possibilidade de que um dia seja real.

Como fazer as afirmações darem certo para você

A linguagem, além de importante, é incrivelmente poderosa. Se você criar as afirmações certas, elas o ajudarão na concretização dos objetivos e na melhoria da saúde mental. Uma afirmação implica algo que se repete com frequência para si mesmo, empregando-a em situações de bem-estar e melancolia. O que poderia ser mais importante do que o modo como você se dirige a si mesmo o dia todo? Afirmações podem envolver como gostaríamos de nos sentir sobre nós mesmos, um objetivo ou apenas uma sensação generalizada. Alguns exemplos: "Sou resiliente", "Estou aprendendo a me amar", "Conheço minha própria realidade".

Afirmações funcionam melhor quando são:

- Alinhadas com seus valores atuais.
- Verdadeiras.
- Atingíveis.
- Reforçadas por ação real.
- Usadas para empoderar e não para esconder ou eliminar um sentimento angustiante.

Primeiro, vamos falar sobre como alinhar afirmações com valores, as coisas mais importantes da vida, na medida em que determinam as prioridades e como se sabe se tudo segue conforme você quer. Quando comportamento se concilia com valores, a vida quase sempre parece bastante prazerosa. No entanto, em situação contrária, torna-se mais difícil terminar o dia. Pesquisas nos mostram que afirmações funcionam melhor quando corroboram valores já existentes. Portanto, identificar seus valores é um passo importante para escolher uma afirmação.

Para conciliar afirmações com valores, pergunte-se:

- Quais são meus valores fundamentais? (Uma rápida pesquisa no Google lhe dará mostrará excelentes listas de valores.)

- O que é importante para mim?
- Como meus valores se manifestam em meu cotidiano? Sou propenso a gastar mais tempo e energia onde?
- Há algum valor que eu gostaria de focar?

Depois de identificados seus valores, crie uma afirmação e trabalhe com a lista de perguntas a seguir.

Para avaliar se sua afirmação é verossímil, pergunte-se:

- No que eu gostaria de acreditar?
- Essa crença parece possível? Posso imaginar um mundo onde ela seria verdade?
- Se não for possível, como posso reelaborar a afirmação?

A afirmação precisa soar possível e ter potencial para ser verdadeira, o que varia de acordo com a pessoa e sua situação. Afinal, o que parece verdadeiro para você pode parecer bem improvável para mim. Se você começar com "Eu gostaria de me amar" e isso não parecer possível, altere a afirmação para "Eu vou me aceitar" ou "Eu vou tentar me amar". Acrescentar palavras como *possível*, *posso* ou *tente* ajuda uma afirmação a parecer mais flexível.

A afirmação também precisa ser atingível, o que significa sentir que pode virar realidade por meio de dedicação mental e física. De novo, isso é pessoal e o que é possível para mim talvez não o seja para você. Somos todos diferentes e interagimos com apoios e barreiras distintos em nossa vida. Tente evitar afirmações com termos como *sempre* ou *nunca*, pois fica ainda mais complicado alcançá-las.

Para avaliar se uma afirmação é atingível, pergunte-se:

- Ela parece plausível para mim?
- Parece possível, mesmo que não seja plausível agora?
- Consigo encontrar os recursos ou a ajuda de que preciso para que ela aconteça?
- A afirmação é flexível ou emprega palavras como *sempre* ou *nunca*?

Tudo bem, caso não disponha agora de todos os recursos ou ferramentas para sua afirmação se concretizar. Foque no quão plausível ela lhe parece para e se existe um caminho viável para chegar lá. Muitos de nós crescemos ouvindo mensagens como "Você pode fazer o que quiser" ou "A única coisa que o atrapalha é você". E, embora o desaponte ter de dizer isto, simplesmente não é verdade. Temos de olhar o que é alcançável para nossa singular situação.

Quando eu era criança, usava óculos de grau tão alto que meus olhos pareciam cinco vezes maiores por trás das lentes grossas. Sem eles, não conseguia nem identificar minha própria mãe. Não existiam prescrições médicas de uso de lentes de contato na época, então virar o número-um na equipe de natação ou praticar um esporte de contato era inviável para mim. Eu conseguiria se tivesse acompanhamento na piscina e alguém me ensinasse a mergulhar e nadar sem visão? Claro. Mas não valeria a pena gastar tanto tempo tentando desenvolver uma competência. Eu teria perdido a possibilidade de cultivar todas as outras competências que já estavam em mim. Todos nós temos objetivos, talentos e competências diferentes. Se você tem 1,60 m, provavelmente não conseguirá garantir uma vaga na Liga Nacional de Basquete (NBA), e tudo bem. Aqueles jogadores nunca serão ginastas. Trata-se de descobrir seu conjunto de competências e como acessar os recursos que o ajudarão a aprimorá-lo.

Para decidir como exteriorizar uma afirmação em uma ação, pergunte-se:

- Como seria essa afirmação exteriorizada em uma ação?
- O que farei quando viver a afirmação for difícil?
- O que vou fazer ou de que preciso para viabilizar essa afirmação?

A maioria das publicações voltadas ao pensamento positivo, ignorando o poder da ação, recorre a métodos focados no pensamento. Claro, eles são poderosos, mas a ação é ainda mais. Desde que escolhida uma afirmação, precisa-se vivenciá-la ou nunca será verdade. Por exemplo, se você diz sempre "Eu amo meu corpo", mas se o critica a cada passo e tenta várias dietas, não sentirá amor pelo corpo. E agora eis aqui um passo muito importante: quero que tente identificar uma ou duas maneiras de viver sua afirmação todos os dias. Como você vai provar que é verdadeira? Pode até soar meio forçado ou estranho no início, mas a repetição do pensamento e da ação facilitará o processo todo.

Para ter certeza de que você não está recorrendo à afirmação para esconder outro sentimento angustiante, pergunte-se:

- Qual o propósito desta afirmação?
- Esta afirmação está me impedindo de processar outro sentimento?
- Esta afirmação me ajuda a processar minhas emoções?
- Ela parece ser de encorajamento ou de negação?

Afirmações, vez ou outra, são um pouco positivas demais, e aí quase sempre vejo as coisas saírem erradas. Na verdade, estão sendo usadas para encobrir outra coisa – geralmente maior e mais angustiante. Por exemplo, se você acabou de perder alguém próximo e está de luto, repetir "Eu amo minha vida" todos os dias não vai eliminar a dor. De um jeito ou outro, você terá de passar por isso. Se você está enfrentando um momento emocional muito difícil, é melhor assumir uma afirmação que o ajude a superá-lo. Se eu estivesse de luto, poderia dizer alguma coisa do tipo "Isto é difícil e vou superar" ou "Estou de luto e sou resiliente", o que me ajudaria a legitimar a emoção real e ainda acrescentar uma pitada de empoderamento.

Quando criamos uma afirmação alinhada com nossos valores, verossímil, atingível, encorajadora e expressa por meio de ação de nossa experiência emocional, muita coisa boa pode acontecer. A afirmação certa tem potencial de nos levar a odiar algo, para então vislumbrarmos uma possibilidade de neutralidade e, em seguida, em uma posição na qual a afirmação positiva pareça viável (talvez na maioria das vezes ou em algumas) e somos capazes de extravasá-la por meio de pensamentos e comportamentos.

É importante notar que nenhuma afirmação é verdadeira em todos os segundos do dia. Afinal, talvez não nos sintamos bem com nosso corpo ou com qualquer outro aspecto da vida. O objetivo é a aceitação, a aptidão de manter espaço para essa instabilidade e acreditar que a gentileza para com nós mesmos é permitida e benéfica. Conforme praticamos essa nova maneira de progredir nas afirmações, elas acabarão virando uma segunda natureza e conseguiremos elaborar intuitivamente afirmações que ajudam a nós e a nossa realidade atual.

Você precisa sentir as emoções mais complicadas

Abro o navegador do meu computador em um fim de tarde e Aly já está logada, pronta para a terapia virtual, sentada no chão do quarto com o dever de casa e canetas espalhadas ao seu redor. Embora jovem, sua percepção supera bastante a de muitos de meus pacientes adultos. Aprendo alguma coisa com ela em cada sessão. O relacionamento de Aly com a mãe é caótico. Passamos a maior parte do nosso tempo focadas em discutir limites e administrar seu conflito mais recente.

Aly se desculpa muito na sessão, algo que ela aprendeu a fazer sempre que a mãe estava chateada. Pede desculpas por sentir, por não se lembrar de alguma coisa, por me "incomodar" com sua vida. Sempre que se desculpa, eu digo em tom de brincadeira: "Se você não compartilhar seus sentimentos aqui, onde vai compartilhá-los? É literalmente meu trabalho ouvir!". Ela ri e concorda. Garanto a Aly que não se preocupe comigo ou com meus sentimentos, mas é de sua natureza viver aflita com alguém ou com alguma coisa, quase nunca cuidando de si mesma. Muitas vezes entramos na dança para que ela foque mais em si e menos nos outros.

A necessidade crônica de se desculpar e os níveis profundos de *insight* provavelmente decorrem da contínua demanda de Aly em controlar o estado de espírito da mãe, uma mulher que pode ser errática, exigente e altamente crítica. Quando criança, Aly absorvia a culpa pelos conflitos emocionais da mãe e procurava sempre acalmar as coisas em casa. Assim, precisa engolir todas as suas emoções angustiantes, porque literalmente não há espaço para elas. O estado de espírito da mãe ocupa todo o ambiente, e Aly pode sentir isso.

A mãe da minha jovem paciente está em um extremo do espectro de expressão emocional – ela sente plenamente e seus sentimentos viram o problema de todos por meio das atitudes comportamentais que adota. Ela não sabe se autorregular, razão pela qual Aly aprendeu a viver do outro lado do espectro: tornou-se mestra em fingir, reprimir emoções e agir como se tudo estivesse bem o tempo todo. Nenhum desses extremos faz bem ou é administrável no longo prazo. Temos de encontrar uma maneira de colocar Aly em uma posição intermediária, mesmo que a mãe nunca mude. Então, ela e eu começamos a trabalhar para ajudá-la a entrar em contato com emoções desafiadoras, que ela considera "negativas", para que consiga manifestá-las.

Inexistem emoções negativas

A positividade tóxica e a pressão implacável para usar afirmações positivas nos transmite a mensagem de que há certas emoções que devemos sentir, como felicidade e alegria, e outras que devemos evitar por completo, como raiva e repugnância. Existem milhares de livros, vídeos e sites dedicados a ajudar as pessoas a erradicar da vida todas as formas de negatividade emocional. O objetivo é alcançar o lindo lugar onde se tenham pensamentos pacíficos e alegres, mente clara e nada as aborreça.

Alerta de *spoiler*: Esse lugar não existe.

Emoções são uma resposta involuntária aos estímulos ambientais e, portanto, não exercemos pleno controle sobre nossa experiência emocional. Com treinamento adequado de competências e um sistema nervoso bem regulado, podemos aprender a reagir às nossas emoções e aumentar o potencial do nosso comportamento, mas nunca controlaremos plenamente o que sentimos. Esse tipo de controle comportamental se mostra ainda mais desafiador para pessoas que sofreram traumas, têm um distúrbio que leva à desregulação do sistema nervoso ou destituídas de competências adequadas para administrar as próprias emoções. Por exemplo, você nunca diz a si mesmo de modo consciente "Hum, acho que vou me assustar quando esse carro bater!". Você simplesmente reage pisando no freio.

Contrariando a crença popular, não existem emoções negativas. Existem, sim, aquelas mais difíceis de vivenciar ou causadoras de mais angústia para certas pessoas, e quanto mais as reprimimos, mais complicado será administrá-las. Algumas pessoas podem lutar mais com alegria ou calma, enquanto outras evitam raiva ou ansiedade. Os sentimentos que chamamos de negativos são tristeza, raiva, medo e repugnância, emoções que somos propensos a reprimir ou evitar porque não gostamos de como nos afetam ou como nos levam a determinados comportamentos. Há uma razão que embasa a dificuldade de administrar tais emoções: elas fazem nosso cérebro liberar cortisol, o hormônio do estresse. Então, o córtex pré-frontal torna-se incapaz de processar informações de forma eficiente, afetando nossa capacidade de aprender ou prestar atenção, e nós lutamos contra o conflito. Contudo, essas emoções desempenham um papel importante em nossa vida e ajudam a nos proteger.

Emoções difíceis ou angustiantes, como raiva, medo ou repugnância, ajudam você a:

- Identificar o que é importante.
- Reconhecer quando alguém ou alguma coisa o está perturbando.
- Voltar-se para algo que precisa de atenção, como um relacionamento ou um problema de saúde.
- Saber quando você está em perigo.
- Reconhecer quando precisa descansar ou seguir em frente.
- Decidir onde você precisa estabelecer um limite ou ser mais flexível.
- Avaliar situações sociais.
- Aprender com os erros.
- Tornar-se mais resiliente.

Na verdade, é impossível evitarmos completamente essas emoções e a angústia emocional e, quanto mais tentamos, mais sofremos. Em vez de aprender a nos livrar de emoções desafiadoras, precisamos aprender a processá-las e conviver com elas.

Seja grato, senão...

Recorremos ou somos pressionados a recorrer à gratidão quando vivenciamos emoções desafiadoras ou nos queixamos de alguma coisa. Para onde quer que olhemos, há alguém ou algo dizendo que devemos ser gratos pelo teto sobre nossa cabeça, pela comida no prato e até pelos traumas.

- "Agradeça por não ter sido pior."
- "Pelo menos você tem (insira aquilo que deve agradecer)."
- "Você tem muito a agradecer."
- "Você tem tantas coisas boas na vida que não pode ficar deprimido. Olhe pelo lado bom."

Gratidão, como felicidade, virou uma obrigação moral que devemos cumprir. Sem isso, nossa cultura nos diz que provavelmente estamos condenados a uma vida de tristeza e solidão. Cada momento exige a presença da gratidão, e isso nos deixa exauridos.

Gente que vive de fato situações de conflito emocional sente a pressão para ser grata. Se você está ansioso, é porque não está inteiro o bastante no lado bom. Se está sofrendo ou lidando com uma perda, precisa se lembrar do que tem e focar menos no que perdeu. Se você lutou para engravidar, não pode reclamar da gravidez ou das mamadas noturnas. Se está em conflitos e tem um teto sobre sua cabeça e comida na mesa, é melhor encontrar alguma perspectiva de vida, porque outros estão em uma situação muito pior do que você. E é verdade, certo? Alguém sempre estará pior do que você em uma área da vida e melhor em outra. Acho que também podemos concordar que grupos específicos de pessoas batalham mais em áreas-chave que realmente minimizam seu funcionamento psicológico e qualidade de vida. Com certeza, coisas como pobreza, insegurança alimentar, desemprego, carência educacional e abuso ou negligência terão um impacto negativo nas pessoas, o qual quase sempre se prolonga pela vida toda.

O problema dessa lógica é que só sabemos o que sabemos. Estamos todos vivendo fechados em nossas próprias órbitas e se dissermos a alguém que luta contra um distúrbio alimentar: "Bem, há pessoas morrendo de fome no mundo. Seja grato por ter comida e apenas coma alguma coisa!", isso vai ser estigmatizante e inútil. É muito difícil que alguém consiga estabelecer uma relação entre essas duas realidades quando está em uma batalha. E mais, ambas as coisas são, ao mesmo tempo, verdadeiras: o indivíduo lutando contra um distúrbio alimentar e milhões de crianças lidando com a insegurança alimentar no mundo. Um não anula o sofrimento do outro.

A gratidão, que deveria nos tornar conscientes do que valorizamos e prezamos na vida, vira uma arma de vergonha que, em nosso íntimo, empunhamos contra nós mesmos e uns contra outros em nossos momentos mais intensos de luta. Nós a usamos para silenciar pessoas e encerrar conversas.

E se, em vez disso, despacharmos o mal e saudarmos o bem? Talvez então vivenciemos os verdadeiros benefícios da gratidão.

O que é gratidão?

Na teoria, é fácil entender o conceito de gratidão, mas colocá-la em prática é muitas vezes difícil. Gratidão se assenta em uma orientação geral para apreciar os outros e o mundo que nos cerca, e recorremos a essa perspectiva para tomar decisões e criar histórias sobre nossa vida. Acredita-se que ela seja um traço maleável que pode ser cultivado e aprimorado no decorrer do ciclo de vida, e também uma crença que pode ser desafiada ou fortalecida, dependendo das circunstâncias e de como se conceituam esses eventos.

A literatura relativa ao tema não abordou realmente a prevalência do traço da gratidão em diferentes demografias. Mas sabemos que ela mantém relevantes associações com idade, sexo, nível de escolaridade e status de emprego. Idosos, mulheres, indivíduos com nível elevado de formação escolar e trabalhadores autônomos reportaram escores mais elevados do traço gratidão quando comparados a mais jovens, homens, com nível mais baixo de escolaridade e desempregados. Esses resultados mostram como o traço de gratidão não é distribuído uniformemente entre as populações e que não podemos aplicar as mesmas estratégias para todos. Uma pesquisa recente descobriu que o traço de gratidão era um preditor fraco de bem-estar subjetivo no futuro, ao considerar o efeito de fatores demográficos. Existem diferenças culturais, de gênero, sociais e de personalidade ao avaliar os níveis de gratidão entre diferentes populações. E também é evidente que as experiências de vida e o acesso a determinados recursos afetam a capacidade de demonstrar ou sentir gratidão.

Gratidão funciona?

Listas de gratidão diárias, lembretes e afirmações inundam meu feed do Instagram todos os dias. Quase sempre as fotos exibem uma pessoa magra, branca e forte em sua cozinha perfeitamente organizada, transmitindo-me a mensagem de que preciso ser grata, pois "sempre há algo a agradecer". Esse comando magoa quando estou em conflito. Ser obrigada a encontrar o lado bom simplesmente não combina comigo.

Nos últimos dez anos, aumentou o número de pesquisas sobre gratidão e seu potencial impacto nas áreas de psicopatologia, saúde mental e física e bem-estar geral. Infelizmente, muitos dos benefícios apontados, na verdade, carecem de evidências.

A relação entre gratidão e saúde física tem produzido resultados inconclusivos. Intervenções de gratidão parecem impactar de maneira positiva uma série de marcadores cardiovasculares e inflamatórios, e melhorar a qualidade do sono. No entanto, os efeitos das atividades de gratidão nas funções corporais não diferem do efeito de outras atividades de entretenimento. Atualmente, inexistem evidências convincentes que embasem uma ligação causal entre gratidão e percepção reduzida da dor em pacientes cronicamente doentes ou com dor crônica. Por fim, a gratidão não parece prenunciar diretamente os resultados da saúde física. Sei que esses elementos contradizem muito do que me ensinaram sobre gratidão. Enquanto eu trabalhava como terapeuta recém-formada com pacientes diagnosticados com câncer e seus cuidadores, as intervenções de gratidão eram uma prescrição alternativa. Aceitava-se que um incremento no nível de gratidão poderia ajudar alguém a se recuperar fisicamente mais do que aqueles que não participavam de uma prática de gratidão. Seria muito provável encontrar um grupo de apoio para pacientes com câncer compartilhando tudo pelo que são gratos no corredor ou um médico falando a alguém sobre importância da atitude se a pessoa quisesse se recuperar.

Pesquisas recentes revelam que a prática regular de gratidão beneficia moderadamente o bem-estar mental, emocional e social. As evidências mostram que as intervenções de gratidão, por exemplo, quando feitas de maneira regular, melhoram o bem-estar emocional. De fato, faz sentido; a gratidão nos permite orientar nossa atenção para o que é bom em nossa vida, o que muitas vezes nos dá a sensação de controle. Se focarmos apenas no que nos falta ou naquilo que não conseguimos exercer controle, acabaremos nos sentindo pior. Mas aí vem a parte difícil: encontrar esse equilíbrio e reconhecer ambos.

Lamentavelmente, gratidão não minimiza os sintomas de psicopatologia ou transtornos mentais. Pesquisas sugerem que intervenções de psicologia positiva nem sempre são apropriadas para indivíduos com histórico de doença mental, e a eficácia depende em grande parte dos recursos de que a pessoa dispõe e das adversidades atuais na vida dela. Pode até ter um efeito nocivo sugerir gratidão como forma inicial de tratamento ou enfrentamento, quando alguém está lidando com um transtorno mental ou uma psicopatologia grave. Ainda que o cultivo de um sentimento de gratidão tenha sido sugerido para ajudar na prevenção de problemas de saúde mental após momentos de adversidade, ele deve ser usado com cautela com pessoas portadoras de psicopatologias. É importante observar que essas ferramentas não valem para todos e podem ser prejudiciais quando usadas como substitutas do tratamento formal de saúde mental, sobretudo em casos mais graves.

Gratidão pode ser uma ferramenta poderosa se usada na hora certa, pela pessoa certa, mas precisamos ser prudentes ao aplicá-la a todas as pessoas e em todas as situações.

Sei que deveria ser grato, mas...

Danny e eu temos conversado sobre seu relacionamento com a mãe. Ele é extremamente introspectivo e bastante duro consigo mesmo. Até onde sei, sua história não inclui abuso ou negligência, e ele descreve a própria infância como "normal". Todas as avaliações demonstram que a mãe era muito amorosa e que se esforçava muito para atender às necessidades do filho, mas ele era uma criança diferente dos outros três filhos, e a mãe entrava em grandes conflitos relacionais. Isso significou uma infância com a sensação de estar isolado, incompreendido e "diferente".

Só depois de um ano Danny aceitou o fato de que pode ter problemas com sua infância e até mesmo alguns sentimentos negativos quanto à mãe, ao mesmo tempo em que se sente grato pelo que tem. Ele inicia muitas frases com: "Sei que deveria ser grato, mas...", e então compartilha alguma coisa do tipo: "Eu tinha tudo o que uma criança poderia querer. Sei que muitas outras pessoas estavam em situação pior; sinto-me mal por estar aqui e falar sobre isso". Danny se compara a amigos que sofreram negligência emocional ou física quando crianças e constantemente recorre às experiências deles como um meio de minimizar o que sente. Na verdade, sua gratidão está apenas o levando ao constrangimento, à vergonha.

Já me senti como Danny; talvez você também tenha vivido a sensação de que não pode ficar chateado ou infeliz porque tem muito a agradecer. No meu caso, recorro à frase "Eu sei que muitas pessoas se sentem pior..." antes de me queixar, para que entendam que não sou um monstro; só estou chateada com uma coisinha. Talvez eu continue com: "Mas vou superar. Sei que tenho muita sorte de até mesmo ter esse problema! Por favor, não me julgue!". A esse ciclo interminável de sensações devemos acrescentar a ressalva de sermos gratos antes de manifestar qualquer tipo de desconforto.

Não force o sentimento de gratidão

Gratidão é importante, e um pouco dela nunca desencadeará sofrimentos. Costumo trabalhar essa questão com meus pacientes. Estamos sempre tentando encontrar a área cinzenta e abrir espaço para o que dói e o que nos ajuda. Reconhecer ambos nos permite lamentar nossas perdas e seguir em frente. Se focássemos constantemente apenas naquilo que nos falta ou no que estamos perdendo, a vida seria sombria e desafiadora. Portanto, o problema surge quando tentamos forçar a gratidão.

Isso funciona mais ou menos assim: Você está tendo um dia péssimo. Seu carro quebrou, ficou preso no trânsito e perdeu uma reunião importante no trabalho. Seu chefe está furioso, e você sabe que consertar o carro vai detonar sua conta bancária. Sem dúvida, uma situação bem chata, frustrante e desgastante. Então, resolve ligar para sua mãe; quer desabafar e talvez pedir algumas dicas sobre onde consertar o carro. Mas ela retruca deste jeito: "Você deveria ser tão grata por ter emprego e carro. Algumas pessoas até desejariam ter esses problemas. Vai dar tudo certo". Você continua aborrecida, tentando descobrir uma maneira de resolver tudo, e a gratidão lhe é imposta. Talvez comece a sentir um tantinho de vergonha ou arrependimento. *Ela está certa: muitas pessoas não têm carro nem emprego. Eu deveria ser grata.* Mas isso não funciona porque você está emocionalmente sobrecarregada, não tem um carro à mão e corre o risco de perder o emprego. O ponto de vista até é verdadeiro, mas totalmente ineficaz e induz à culpa.

Queremos abrir espaço para o sentimento atual e depois deixar a gratidão fluir naturalmente. Vamos continuar com o exemplo do carro quebrado para ilustrar como você poderia vivenciar todo esse processo.

1. Valide seus sentimentos: "Faz sentido que eu esteja chateado. Meu carro quebrou e decepcionei meu chefe. Meu trabalho é muito importante para mim e não tenho dinheiro para consertar meu carro agora".
2. Se alguma coisa precisa de reparo imediato, foque-se na solução do problema: "Preciso sair do trânsito e encontrar um lugar para consertar meu carro. Também preciso me comunicar com meu chefe e descobrir quando conseguirei voltar ao trabalho hoje".
3. Regule suas emoções até se acalmar. Quando estamos angustiados, ativar o raciocínio lógico é desafiador. Use algumas de suas competências de regulação emocional para ajudá-lo a voltar ao momento,

esfriar a cabeça e manter o foco. Isso pode levar algum tempo ou exigir várias tentativas.
4. Tenha alguma perspectiva. Assim que resolver suas preocupações imediatas e sentir-se validado, poderá se envolver em alguma busca de perspectiva e gratidão. Nessa situação, talvez lhe seja benéfico olhar para o que está indo bem em sua vida e a que tem acesso. Isso não significa que as outras coisas difíceis não existam; está tudo acontecendo ao mesmo tempo. Nesse caso, você poderia dizer: "Estou feliz que o caminhão reboque chegou e não me machuquei. Vou resolver o problema no trabalho porque normalmente sou um funcionário de confiança".

Talvez você precise passar por esse ciclo várias vezes, dependendo do evento ou da intensidade do sentimento. É normal o conflito em algumas etapas ou mesmo a estagnação.

Como fazer a gratidão dar certo para você

Há muitas maneiras de se engajar na gratidão no decorrer do dia. Apenas se lembre de que ela inexiste sem validação e processamento emocional. Antes de usar qualquer uma dessas competências para maximizar a gratidão, tenha certeza de que está pronto para recebê-la e senti-la. Caso se mova muito rápido, provavelmente a sentirá forçada e inútil.

Aqui estão algumas coisas que você pode fazer regularmente como ajuda no aprimoramento do senso de gratidão:

- Mantenha espaço tanto para o bem quanto para o mal em sua vida, prestando atenção e reconhecendo ambos. Isso quase sempre o ajuda a começar com os sentimentos mais conflitantes e depois ir para a gratidão.
- Escreva sobre as coisas às quais você é grato: um diário sobre um tema específico, uma lista, um desenho ou qualquer coisa que o direcione para o sentimento de gratidão.

- Agradeça às pessoas e demonstre-lhes reconhecimento. Além de ser muito bom ajudar os outros, a atitude também melhora nossos vínculos sociais. Faça questão de agradecer, sorrir e elogiar pessoas.

O elemento mais importante do cultivo da gratidão é torná-lo uma ação regular e não apenas em momentos de intensa dificuldade. Quanto mais você for capaz de validar seus sentimentos, resolver problemas de forma eficaz e assumir perspectiva, maior a probabilidade de conquistar um estado coerente de gratidão.

Lembre-se: problemas são sempre relativos. Sempre haverá alguém pior do que você; sempre haverá alguém melhor. Isso não o impedirá de sentir. Podemos abrir espaço para validação e gratidão ao mesmo tempo. A validação diz: "Isso é mesmo complicado e sei que poderia ser melhor". E a gratidão: "Sou grato pelo que tenho. Sei que outros enfrentam dificuldades ainda piores. E sei que poderia mesmo ser pior". Outras pessoas estarem em situação mais séria ou dizer que as coisas "não são tão graves assim" não melhorará a sensação. Tente equilibrar os dois.

Aqui está um exemplo de validação combinada com gratidão: "O que estou passando agora é difícil e frustrante. Eu me dou permissão para reconhecer isso. Depois de me validar, vou me voltar para a gratidão. Sei que tenho muito a agradecer, mas a dificuldade mais séria de outra pessoa não diminui a minha".

> **Podemos abrir espaço para validação e gratidão ao mesmo tempo.**

Você pode se beneficiar criando sua própria declaração de gratidão que valida seu sentimento e abre espaço para a possibilidade de que as coisas melhorem.

Reflexão

- Reserve um tempo para pensar sobre gratidão. Responda às seguintes perguntas de modo bem sincero.
- Quando você aprendeu que deveria adotar uma postura de agradecimento? Que crenças aprendeu sobre gratidão?
- Você já se sentiu pressionado a manifestar gratidão?
- Como você pode incorporar a gratidão em sua vida de uma forma que ela faça sentido e o ajude a se sentir melhor?

Seus pensamentos criam sua realidade.

Ainda que pensamentos sejam poderosos, eles não criam toda a realidade. Você é um ser humano dinâmico, influenciado por pessoas, lugares, coisas e sistemas diferentes. Podemos criar mudanças sistêmicas e emponderar as pessoas para que usem seus pensamentos como fonte de inspiração e motivação.

CAPÍTULO 5

Como processar uma emoção

O horário de trabalho de Alissa tem sido caótico, o que a levou a reduzir nossos encontros para uma sessão por mês. Como na maioria das terapias irregulares, passamos a primeira metade da sessão recapitulando. Alissa está solitária, sobrecarregada de trabalho, exausta e vestindo uma armadura emocional tão grossa que mal consigo atravessá-la. "Estou bem. Vou superar isso", sussurra em um tom de voz baixo e debilitado. Alissa e eu estamos sempre na mesma dança. Ela vem para a terapia e me diz que está bem. Olho para os olhos taciturnos e a pele sem vida, e sei que ela não está dizendo a verdade para mim nem para si mesma. Não se permite sentir nada, e nem todo o entorpecimento com o trabalho e o seu ritmo frenético impedirão que as emoções extravasem. Seus sentimentos vão aflorar, goste ou não.

Decido forçar um pouco e pergunto a Alissa o que está de fato acontecendo: "É tudo por causa do trabalho ou tem algo que estou perdendo aqui?"

Ela baixa o olhar, ponderando sobre o próximo passo, e eu silencio, esperando que minha suspeita abra uma brechinha em sua armadura. Ela diz que todas as amigas vão se casar, ter filhos e "seguir em frente". Sente-se estagnada e perdida. "Meu trabalho está me matando e é tudo o que tenho". Uma única lágrima lhe escorre pelo rosto, e ela a seca rapidamente.

Decido instigá-la mais uma vez: "Você está sentindo alguma coisa com isso? Parece meio entorpecida. Não tenho certeza se conseguiria manter tudo em segredo se fosse comigo". Vejo que ela está estagnada e não tem a mínima ideia aonde ir. Fico quieta e a deixo processar minha pergunta. Olhando-me, ela diz: "Sinceramente, não tenho ideia nem mesmo de como poderia sentir tais coisas. Afinal, o que isso quer dizer?". A frustração é palpável e típica de pessoas que reprimem as próprias emoções e fogem delas há muito tempo. Sem saberem como sentir uma emoção, a negação parece a única saída. Quero tentar mostrar a Alissa como se livrar desse *loop* e sentir suas emoções.

O que é uma emoção?

Todos os humanos experimentam emoções, ainda que de maneiras diferentes. Muita gente usa os termos "sentimento" e "emoção" de forma intercambiável; não são a mesma coisa.

- Uma emoção é uma experiência fisiológica (como um batimento cardíaco acelerado ou dificuldade para respirar) que informa sobre o mundo. É um padrão de reação complexo determinado pelo significado do acontecimento.
- Um sentimento é a percepção consciente da própria emoção.

Sentimentos são vivenciados de modo consciente, enquanto emoções se manifestam consciente e inconscientemente. Com educação emocional e prática, algumas pessoas conseguem experimentar uma emoção e dar-lhe um nome ou um rótulo, tornando-a um sentimento que são capazes de entender e vivenciar. Essa é uma competência que se ensina e se aprende; não nascemos sabendo, e existe uma gigantesca variedade de experiências emocionais, dependendo do indivíduo. Muita gente, como Alissa, realmente sofre com isso. Alissa está experimentando emoções, mas não as sente. A negação e a repressão de sua experiência emocional dificultam o processo de entendimento, o que acontece com frequência com aqueles que não têm consciência das próprias emoções, de como as emoções surgem no corpo e de como se manifestam. Para tais pessoas, inexiste relação entre a emoção e como as estão experimentando; o resultado é que talvez experimentem uma emoção continuamente por um longo período de tempo antes de reconhecê-la. Permitir que essa situação se prolongue pode desencadear consequências negativas, física e mental.

Como as emoções se formam

Antes, as emoções eram vistas como uma parte trivial da vida humana, que nem sequer merecia estudo ou investigação. Charles Darwin reconheceu que tinham alguma utilidade e eram relevantes para nossa sobrevivência e adaptabilidade, mas não muito mais se agregou a essa percepção. Na década de 1990, os psicólogos Peter Salovey e John Mayer introduziram a primeira teoria reconhecida de inteligência emocional. Eles a definiram como "a capacidade de monitorar sentimentos e emoções próprios e dos outros, distingui-los e usar essas informações para orientar pensamentos e ações".

Hoje, existem várias teorias importantes sobre como as emoções operam. Gosto da desenvolvida por Lisa Feldman Barrett. Em seu livro *How Emotions Are Made*[20], a dra. Barrett explica que elas não são construídas no nascimento, mas desenvolvidas ao longo de nossa vida, e como as sentimos e as manifestamos depende em grande parte de nossas próprias experiências. Emoções permitem que o cérebro se torne uma "máquina de aprendizado preditivo". Vivenciamos novas experiências e as comparamos com as anteriores. As emoções que sentimos no momento são significados instantâneos que o cérebro está dando a essas experiências sensoriais internas e externas. A dra. Barrett

---

20 "Como as emoções são feitas", em tradução livre. (N.T.)

explica que "as emoções são o melhor palpite do seu cérebro de como você deve se sentir no momento. Elas se conectam a seu cérebro como pequenos circuitos; são feitas sob demanda". Tudo acontece de maneira inconsciente e, em grande parte, sem o nosso conhecimento. Em outras palavras, nossas emoções são criadas no momento com base no *input* sensorial de nosso corpo e nosso entorno, nossos objetivos e lembranças de experiências anteriores.

Se temos muitas experiências negativas enquanto crescemos, ou se vivemos em um ambiente assustador e não confiável, ou se desconhecemos o significado de certas emoções ou sensações corporais, é provável que nossas previsões nos coloquem em muitos problemas. Temos de aprender a interpretar e administrar nossas emoções à medida que ficamos mais velhos. As experiências de Alissa a levaram a interpretar as emoções de uma determinada forma, o que também afeta seu comportamento ao experimentar certas emoções e mostra por que é tão propensa a negá-las e reprimi-las. As emoções terão um grande impacto em nossos mundos interno e externo caso não saibamos interpretá-las, processá-las e administrá-las.

Como funcionam as emoções

Sabemos que três coisas acontecem quando experimentamos uma emoção: mudanças no corpo e no cérebro, mudanças de pensamentos e respostas à emoção por meio de ação ou comportamento. Portanto, emoções não são apenas pensamentos; também produzem verdadeiras mudanças corporais. Quando vivenciamos uma reação emocional, nosso cérebro altera o que está acontecendo em nosso corpo. Se estamos com medo ou com raiva, sentimos o coração bater mais rápido ou a respiração acelerar. Quando estamos tristes, nossos olhos podem marejar. Emoções também podem fazer com que alguns músculos do corpo se movam automaticamente ou nos preparem para um movimento. Muito do que está acontecendo no corpo é inconsciente, e talvez nem mesmo conheçamos a causa. O corpo também pode reagir antes da mente, levando-nos a interpretar a emoção com base no que está acontecendo nele. Caso sintamos nosso coração acelerado, podemos pensar que é excitação ou ansiedade. Se sentimos o estômago revirar e a cabeça parecer enevoada, podemos interpretar como medo ou confusão.

Quando experimentamos uma emoção, notamos quase sempre uma mudança em nossos pensamentos para se adequarem a ela. Além disso, pensamentos também podem fazer as emoções progredirem ou se intensificarem. Por exemplo, se você percebe que seu coração está acelerado e é difícil respirar, é provável que comece a ter pensamentos de ansiedade do tipo: *Não estou seguro aqui,* ou *Preciso sair daqui.* Se está deitado na cama pensando em algo que o deixa ansioso, espera-se que seu corpo reaja como se estivesse enfrentando a ameaça real do momento. Isso acontece porque o cérebro não é capaz de diferenciar completamente uma ameaça real de uma imaginária. Você pode até mesmo gerar pânico por meio de seus pensamentos.

As emoções acabam tendo seu maior impacto em nosso comportamento. Nossas emoções mais primitivas, por exemplo, o medo, foram projetadas para nos manter vivos e seguros. Se estamos sendo perseguidos por um urso, nossos batimentos cardíacos aceleram, a adrenalina corre em nossas veias e somos impelidos à ação, muitas vezes fugindo: um tipo de reação emocional importantíssima para nossa sobrevivência. Felizmente, o mundo mudou muito desde que ursos nos perseguiam, mas não nosso cérebro. Isso significa que podemos nos comportar de maneira totalmente hiper ou sub-reativa, dependendo do nível de ameaça. Se você enfrenta o transtorno de ansiedade social, pode experimentar a sensação de ser julgado. O corpo tensiona, parece que todo mundo está olhando você e logo começa a pensar: *Preciso sair daqui!* As sensações corporais, combinadas com pensamentos ansiosos, levam-o a sair correndo do local e a evitar situações sociais pelos próximos meses. Estava realmente sob ameaça? Teria morrido se ficasse? Provavelmente não, mas parecia que sim e, por essa razão, age de tal maneira. Por esse motivo é tão importante que compreendamos nossas emoções e criemos as ferramentas para lidar com elas.

Os riscos de não rotular, vivenciar e compartilhar nossas emoções

A repressão emocional é uma estratégia de regulação emocional que usamos na tentativa de tornar mais administráveis, ou eliminar completamente, pensamentos e sentimentos desconfortáveis e opressivos. É uma estratégia que muitas pessoas aprenderam na infância e continuam a usar já adultos. Dentro do razoável, a repressão emocional pode ser útil ou neutra. Mas, quando recorremos a ela com muita frequência, pode se tornar prejudicial à nossa saúde física e mental.

Você pode tentar reprimir suas emoções ou descartá-las de várias maneiras. Aqui estão algumas delas:

- Comendo e bebendo.
- Usando drogas ou álcool.
- Distraindo-se com TV, trabalho ou outros meios.
- Viajando.
- Socializando e cercando-se quase sempre de pessoas.
- Praticando atividades físicas.
- Ajudando os outros.
- Usando frases positivas ou outros tipos de autoajuda e autoaprimoramento.

Em muitas situações, esses são mecanismos de enfrentamento bons ou neutros, mas não precisamos abandoná-los de vez ou rotulá-los como ruins. O problema surge quando usamos sistematicamente essas competências de enfrentamento para evitar, reprimir e negar a existência de um sentimento, o que com certeza acabará intensificando o sofrimento emocional.

Algumas das maneiras pelas quais nos entorpecemos e nos distanciamos são mais socialmente aceitáveis do que outras. Quando alguém diz: "Estou atolado de trabalho! Não consigo tempo para meu casamento ou para meus filhos", somos mais propensos a perdoar e racionalizar. Pensamos: *Ele está trabalhando demais! A família se beneficia desse seu trabalho. Então, beleza!* Mas quando uma pessoa fica insensível ou evita emoções por meio de sexo ou drogas, o julgamento é implacável.

A evitação geralmente nos leva ao mesmo lugar, não importa como decidamos evitar.

Angústia, desconforto e ansiedade são certezas na vida. A evitação emocional muitas vezes se apresenta apenas como uma solução provisória e superficial, reforçando a ideia de que experiências como desconforto, angústia e ansiedade são negativas ou perigosas. E mais, ela minimiza nossa competência de enfrentamento da dor. A supressão também demanda muita energia e muitas vezes leva à exaustão, pois começa a exigir cada vez mais esforço para esconder a emoção difícil.

Evitação não é o mesmo que mudança de foco. Muitas técnicas de mudança de foco se provaram úteis no momento e permitem um processamento emocional mais amplo. A evitação, no entanto, vem desprovida de aceitação. É uma busca para entorpecer, eliminar e negar o sentimento. E muitas vezes não funciona. Quando dizemos a nós mesmos para não pensarmos em algo, temos de pensar em não pensar na coisa. Quando tentamos evitar uma emoção, muitas vezes acabamos sentindo-a de qualquer maneira. E quase sempre é dez vezes pior.

Existem também algumas consequências físicas e mentais para a repressão emocional ao longo do tempo, tais como:

- Pensar ainda mais naquilo que se está tentando afastar.
- Maximizar o risco de sintomas de ansiedade e depressão.
- Sentir tensão e dor muscular.
- Ter náuseas e problemas digestivos.
- Sofrer alterações do apetite.
- Sentir fadiga e ter problemas de sono.
- Ficar com pressão alta.
- Ter problemas digestivos.
- Adquirir doença cardiovascular.
- Sentir-se entorpecido ou vazio.
- Sentir-se nervoso, deprimido ou estressado a maior parte do tempo, e não entender por quê.

- Ter tendência a esquecer as coisas.
- Sentir mal-estar ou desconforto quando outras pessoas falam sobre os sentimentos delas.
- Sentir-se angustiado ou irritado quando alguém pergunta sobre os seus sentimentos.

Antes de começar a rotular, sentir e compartilhar suas emoções, é importante que investigue quais delas você tende a querer reprimir e como faz isso.

- Primeiro, identifique uma ou duas emoções difíceis que tendem a aflorar em sua vida.
- Que estratégias você costuma usar para evitá-la(s)?
- Sempre há vantagens (prós) na evitação. Anote algumas razões pelas quais essa evitação é boa ou ajuda. É importante validar que muitas vezes há um efeito positivo e de curta duração da evitação emocional.
- Agora anote quaisquer contras dessa evitação. Isso causou alguma dor, sofrimento ou outros problemas em sua vida?

Em vez de reprimir suas emoções, trabalhe nas competências mais adaptativas de rotular, sentir e compartilhá-las com os outros.

Rotulando emoções

Apenas saber que emoção está experimentando e ser capaz de rotulá-la pode transformar sua experiência emocional e ajudá-lo a se sentir mais à vontade. Matthew Lieberman, psicólogo, realizou um estudo usando ressonância magnética funcional (fMRI) para escanear os cérebros dos participantes. Ele e alguns colaboradores descobriram que, quando as pessoas rotulavam as emoções que sentiam usando palavras, mostravam menos atividade na amígdala – uma área do cérebro associada ao sofrimento emocional. Portanto, sugeriram que verbalizar uma emoção e rotulá-la reprime a área do cérebro que produz a dor emocional.

Esse método também tem se mostrado eficaz na terapia. Tenho feito isso nas sessões com Alissa. Primeiro, investigamos o que está acontecendo no corpo dela, o que a ajudará a explorar a experiência emocional e como seu corpo e sua mente estão interpretando o mundo. Investimos muito tempo aqui porque é novidade para ela. Ainda que calma na sessão, observa que sente um aperto no peito no ambiente de trabalho, em especial quando está perto de alguns colegas. Você pode recorrer ao mesmo processo que usei com Alissa considerando as perguntas a seguir. Se você é sobrevivente de trauma ou já sofreu com dissociação ou *flashbacks*, é melhor fazê-lo com a ajuda de um profissional ou um companheiro de confiança.

1. Reserve um tempo para relaxar o corpo. Pode ser deitado ou sentado confortavelmente. Encontre uma maneira de se sentir aterrado. Ter as costas bem apoiadas contra algo firme como uma parede ou uma cadeira e ter os pés bem apoiados no chão pode ajudar.
2. Com os olhos abertos ou fechados – o que for mais seguro e confortável para você –, comece a escanear seu corpo do alto da cabeça até a planta dos pés. Fique atento para notar quaisquer sensações que aflorem.
3. Quando notar um ponto onde há tensão ou sensação de relaxamento, não faça nada; apenas sinta. Sem julgamento, sem perguntas, sem análise.
4. Existe algum ponto em seu corpo onde a sensação é mais intensa? Consegue ir a esse ponto e examiná-lo? Que sensações está experimentando? Está ficando menos ou mais intenso?
5. Agora pare um pouco para se aterrar no momento presente. Olhe ao seu redor e aterre-se em seu corpo. Você acabou de completar o check-in do corpo.

Esse exercício irá ajudá-lo no check-in corporal e também a aprender mais sobre como é experimentar essas sensações. Se você é como Alissa e está entorpecido ou desconectado, talvez não sinta nada na primeira vez. Tudo bem, continue praticando.

Depois de praticarmos a verificação das sensações corporais, Alissa e eu começamos a trabalhar na identificação das emoções. Eis algumas das perguntas que fiz a ela:

1. Se pudesse dar um nome a essa emoção, qual seria?
2. Se essa sensação em seu corpo pudesse falar, o que acha que diria?
3. Isso parece com algo que já sentiu antes? Se sim, que nome deu na época?
4. Como descreveria essa sensação?
5. Vamos experimentar. Quando você diz "sinto _____", isso parece certo?
6. Ao escolher uma palavra para a sensação, diga "sinto _____". Tente evitar dizer "estou (o sentimento)".

Existem milhares de palavras para descrever nosso estado emocional. Aqui estão algumas das mais frequentes:

Feliz	Sozinho	Preocupado
Amado	Decepcionado	Ansioso
Aliviado	Desesperado	Incerto
Satisfeito	Infeliz	Incomodado
Divertido	Perdido	Estressado

Como sentir emoções e sentimentos

Na sessão seguinte com Alissa, revisamos como procurar sensações em seu corpo e rotular sentimentos. Ela disse que está se tornando mais consciente das próprias sensações corporais, mas ainda sente dificuldade de rotulá-las: "Não consigo entender como se espera que eu sinta alguma coisa. Isso não faz sentido para mim". Garanto a ela que tal percepção é comum e eu também tenho dificuldade. Hoje, vamos começar a aprender como realmente sentir emoções e com que elas se parecem.

Alissa sabe que suas emoções se formam basicamente de duas maneiras:

- O corpo reage por meio de sensações físicas. Então ela está absorvendo essas sensações (em geral de forma subconsciente), interpretando-as e criando uma história mental processada em seus pensamentos.
- Ela está pensando em algo ou recebendo estímulos do ambiente. Seu corpo reage a esses pensamentos e a ajuda a criar sua experiência emocional geral.

Este é o ciclo que muitos de nós experimentamos: corpo e mente trabalhando juntos para criar nossa própria experiência emocional pessoal. Nossos pensamentos e sensações físicas estão nos ajudando a identificar exatamente o que estamos sentindo, e esse processo dita o que vamos fazer com essa informação. Se queremos mais controle sobre nossos comportamentos, precisamos sentir a emoção e deixá-la passar por nós. Se reagirmos rápido demais, provavelmente a interpretaremos mal ou diremos algo que não desejamos. Se esperarmos muito, corremos o risco de reprimir nossas emoções ou até mesmo nos ferirmos física ou emocionalmente. Então, depois de perceber, reconhecer e rotular, vem o sentimento.

Quando falamos sobre "sentir" nossos sentimentos, o que estamos realmente dizendo é que devemos nos permitir experimentar toda a amplitude da emoção e deixar que ela aumente, atinja o pico e depois diminua. Precisamos permitir que nosso corpo complete o ciclo de estresse e decida como gostaria de lidar com esse sentimento ou emoção. Há muitas maneiras de experimentar de verdade sentimentos e emoções, e a maioria não envolve decisões calculadas e intelectuais. Eles também têm de acontecer no corpo.

Na próxima vez que sentir uma emoção no corpo, tente recorrer às perguntas que usei com Alissa. Em seguida, procure rotular o sentimento e dar-lhe um nome. Agora vem a parte difícil: não entorpeça esse sentimento ou fuja dele; experimente-o. A seguir, apresento uma lista de sugestões para você experimentar essa emoção.

- Mexa-se: faça uma caminhada, alongue-se, mova seu corpo de uma maneira que pareça certa para você.
- Respire: respirações profundas e lentas ajudam a regular a resposta ao estresse. Você pode usar um aplicativo em seu celular ou praticar com seu terapeuta.
- Conecte-se: aproxime-se de pessoas e mantenha interações casuais e positivas. Até mesmo sorrir para o barista que faz seu café e dizer "obrigado" ajuda.
- Ria: o riso ajuda a criar e manter vínculos sociais e regular as emoções. Você pode rir com os amigos ou assistir a um vídeo engraçado que o motive a rir.
- Toque: abrace ou beije uma pessoa de que gosta e confia. Você também pode se envolver com os braços em um abraço. O toque físico seguro ajuda a regular o sistema nervoso.
- Escreva (diário): sabe-se que escrever sobre os próprios sentimentos ajuda as pessoas a administrar suas emoções, processá-las e tomar melhores decisões.
- Chore: um método testado e comprovado que realmente funciona e tem efeitos catárticos para nós, mental e fisicamente.
- Fale: processar algo emocionalmente com uma pessoa ou profissional de confiança pode ser muito benéfico e permite que você explore essa habilidade de rotulação. Isso também pode ajudar na tomada de decisões e no processamento emocional seguro.
- Expresse-se criativamente: arte, escrever um poema ou usar as mãos para criar pode ser extremamente útil para processar emoções.
- Conclua uma tarefa: entrar em um estado de fluxo[21] enquanto cozinha, limpa, faz jardinagem ou algo com as mãos pode criar uma sensação de realização e ajudá-lo a eliminar alguns pensamentos acelerados.
- Ouça música: demonstrou-se que a música melhora o estado de espírito e reduz o estresse. Ouça algo inspirador, calmante ou que evoque uma emoção que você está tentando experimentar.

---

21 Fluxo (do inglês *flow*) é um estado mental de operação em que a pessoa está totalmente imersa no que está fazendo, caracterizado pelo sentimento de total envolvimento e sucesso no processo da atividade. (N.T.)

- Durma bem: o sono adequado e correto pode ser uma excelente maneira de processar uma emoção. Dormir e depois a processar pode ser uma maneira eficaz de se acalmar.
- Simplesmente sinta: esta é uma competência que talvez demande tempo para ser adquirida, mas é muito útil. Às vezes o sentimento não significa nada e você não precisa agir. Então, apenas sinta e permita-se atingir o auge, e depois volte lentamente. Quanto mais vezes conseguir fazer essa atividade, mais probabilidade haverá de os sentimentos não se agravarem até o ponto de se tornarem insuportáveis.

Às vezes, você precisa postergar a vivência de um sentimento porque está no trabalho ou lidando com os filhos. Nem todo sentimento pode ser sentido de forma plena no momento, e tudo bem. O importante é que reserve momentos ao longo da semana para lidar com as próprias emoções e realmente as vivenciar. Quanto mais se empenhar, mais fácil será. Pode ser que até comece a sentir suas emoções e a processá-las sem planejar de maneira consciente.

Como compartilhar emoções e sentimentos

Vivenciar nossos sentimentos é útil, mas compartilhá-los com os outros também é muito benéfico. Humanos são seres sociais e a conexão por meio de uma experiência emocional nos permite formar laços sociais e processar nossos sentimentos, para que, por fim, nós consigamos nos sentir melhor. Por vários motivos, expressar sentimentos é um desafio para muitas pessoas. Talvez nunca lhe tenham ensinado como sentir uma emoção ou, quando o fez, foi constrangido ou ignorado. Não saímos do útero sabendo como sentir, rotular e expressar emoções, e há uma variedade de normas culturais e de gênero que ditam a expressão dentro das comunidades. O que é "normal" para mim pode não ser "normal" para você, e tudo bem.

Quando nos referimos a como alguém expressa seus sentimentos, estamos falando sobre seu afeto. *Afeto* é a expressão externa da experiência emocional interna de alguém. Para a maioria das pessoas, há congruência entre afeto e circunstância. Por exemplo, se lhe dissessem que seu animal de estimação faleceu, a reação esperada seria lágrimas ou alguma forma de luto. Para uma porcentagem da população, sua manifestação exterior de emoção pode não fazer sentido ou não ser a expressão-padrão para a maioria das pessoas. A expressão emocional externa deles também pode ser totalmente incongruente com o que estão sentindo internamente.

Nossa capacidade de expressar e regular nossas emoções pode ser alterada ou impactada por nossas experiências, mais ainda durante a infância. Certas condições de saúde física, neurológica e mental também podem impedir a expressão emocional ou tornar a manifestação de sentimentos "socialmente aceitável" ainda mais difícil. Pessoas com tumor cerebral, lesão cerebral, demência ou traumatismo craniano também podem enfrentar problemas significativos para administrar e expressar emoções, em razão dos danos estruturais em partes importantes do cérebro. Diagnósticos de saúde mental como depressão, esquizofrenia, transtorno bipolar, transtorno esquizoafetivo e transtorno de estresse pós-traumático também podem levar a uma manifestação inapropriada do afeto. Em geral, essas pessoas não perderam a capacidade de experimentar emoções; perderam a capacidade de expressá-las da maneira usual e esperada. Tal situação pode ocorrer por causa de delírios, alucinações ou padrões de pensamento distorcidos, e muitas vezes é tratada por meio de medicamentos ou intervenções comportamentais.

Se você vive conflitos quanto à expressão emocional, lembre-se de que precisa aprender a sentir e manifestar as próprias emoções e, às vezes, não temos os melhores professores. Em razão de existir uma ampla gama de maneiras de experimentá-las e expressá-las, encontre aquela que funciona para você, ciente de que talvez não seja considerada "normal" em sua cultura ou onde você mora. Não há nada de errado com você caso encontre dificuldades nesse sentido, e às vezes temos de aprender sozinhos e ensinar às pessoas que amamos como expressar emoções.

A positividade tóxica afeta de modo significativo nossa capacidade de interação emocional. Temos medo de compartilhar como nos sentimos, pois vamos parecer "negativos" ou "ingratos". A pressão para ter e fazer tudo nos aprisiona em lindas gaiolas. Não precisamos compartilhar tudo com todos e temos o direito de manter nossa privacidade. Mas, quando compartilhamos apenas o que é bom e escondemos todas as nossas dificuldades, com certeza, a vergonha vai aflorar. Se você cresceu aprendendo a guardar as próprias emoções para si ou a esconder qualquer coisa negativa, talvez tenha assimilado a ideia de que a manifestação das emoções só traria mais problemas, então era mais fácil continuar assim. Você aprendeu que independência é virtude e que necessidade de estar com pessoas, fraqueza. Vejo isso no meu consultório o tempo todo. Conheço muita gente bem-sucedida que ainda se sente vazia. Por fora, estão prosperando, mas por dentro, não sabem como satisfazer suas necessidades. Não sabem como se conectar ou compartilhar; nem mesmo sabem que têm esse direito. Lembre-se: a necessidade de atenção e de formação de vínculos é primitiva. Não há medalha ou prêmio por lidar com tudo sozinho. Não há troféu por ser o mais independente ou o "mais forte". Você não é fraco porque precisa de pessoas e de apoio. Não há problema em manifestar suas emoções; isso o torna humano.

> Não há problema em manifestar suas emoções; isso o torna humano.

Maneiras de compartilhar emoções

Você não precisa compartilhar as próprias emoções com todos, mesmo porque existem indivíduos e ambientes inadequados ao compartilhamento emocional produtivo. Alguns nem mesmo desenvolveram as competências para ajudá-lo em um momento difícil. Lembre-se sempre: ninguém tem direito à sua história. Permita-se compartilhar o quanto quiser, avaliando sua segurança ou não quanto a determinados assuntos.

Eis a seguir algumas diretrizes para compartilhar emoções.

Escolha uma pessoa de confiança.
Indícios de confiabilidade:

- Posso compartilhar meus sentimentos sem receio de que o relacionamento termine ou eu seja punido.
- A pessoa respeita meus limites.
- Incentiva que eu me desenvolva, mude e autoaprimore.
- Respeita meus limites corporais, incluindo o toque físico.
- Posso ficar vulnerável perto dela.
- Admite quando está errada e é receptiva a *feedback*.
- Abstém-se de recorrer a críticas e menosprezo que me magoem ou me depreciem.
- A pessoa me ouve.
- Ela tem competência e experiência para me ajudar com o problema.
- Sinto-me à vontade para discutir este assunto com ela.

Você também tem direito a desenvolver um relacionamento antes de compartilhar e não é obrigado a compartilhar com todos – mesmo que lhe peçam ou o pressionem. Vulnerabilidade exacerbada a ponto de deixá-lo exposto e sem apoio não é o antídoto para a positividade tóxica. É importante compartilhar em seus termos e com as pessoas certas. Se está apoiando alguém, também não há problema em dizer: "Quero muito apoiá-lo, mas não me sinto capaz neste momento". Você pode adquirir confiança e criar vínculos de outra maneira até que seu relacionamento se fortaleça.

Escolha a hora e o lugar certos
Leve em consideração o ambiente antes de compartilhar. Verifique onde está e se é um espaço seguro para você e para a pessoa que receberá a informação. Espaços barulhentos ou lotados podem de repente soar inseguros. Avalie o ambiente e faça o *check-in* de si mesmo com frequência. E demore o tempo que for necessário. Você não é obrigado a concluir uma história ou contá-la rapidamente.

Respeite os limites
Lembre-se de respeitar seus limites e alheios. Nunca sabemos o que a outra pessoa já passou e como receberá certas informações.

Evite recorrer a palavras ou frases depreciativas ao compartilhar suas emoções
Por exemplo:

- "*Lol.*"
- "Não é grande coisa, mas..."
- "Ha-ha."
- "Tanto faz."
- "Não ligo."
- "Tudo bem, mas..."
- "Você talvez não se importe, mas..."
- "Deixa pra lá."

Comunique o que você precisa da outra pessoa
Por exemplo:

- "Eu preciso mesmo desabafar agora."
- "Estou necessitando de alguns conselhos. Pode me ajudar?"
- "Sério, só preciso de alguém que me ouça. Foi uma semana bem complicada."

Seria bom se as pessoas sempre soubessem o que queremos, mas quase sempre não sabem. Tente ajudá-las a conhecer o que você espera, como podem ser úteis e do que precisa nesse compartilhamento emocional.

Lembre-se de que a reação da outra pessoa não invalida sua experiência emocional
Se o dispensarem, ignorarem suas necessidades ou não as estiverem validando, beleza! Isso não significa que você fez algo errado. Talvez precise

escolher outra pessoa para compartilhar ou falar com um terapeuta. Não deixe que tais atitudes inviabilizem o compartilhamento.

Expressão emocional adequada para você

Usar essas ferramentas para ajudá-lo a sentir e expressar as próprias emoções melhorará sua saúde mental. No entanto, devemos ser cuidadosos e encontrar o equilíbrio perfeito entre muita e pouca expressão emocional. Sabemos que não as manifestar, sobretudo por longos períodos de tempo, pode levar à dissociação, dor crônica ou enfermidades, incapacidade de se comunicar de forma eficaz, dificuldade em criar relacionamentos, insônia e pensamentos intrusivos. Por isso, é fundamental que você aprenda a identificar suas emoções, rotular os sentimentos e expressá-los de maneira saudável.

Infelizmente, expressão emocional exacerbada também pode nos afetar de modo negativo. Estar sempre choroso no trabalho ou postar todos os sentimentos na internet talvez desencadeie consequências negativas. Já falamos sobre a existência de diferentes expectativas em culturas e gêneros e sobre certas situações de expressão emocional. Por exemplo, mesmo que nos manifestemos com toda liberdade em casa, com nosso companheiro, precisamos ser capazes de controlar nossas emoções durante uma importante reunião de trabalho. Não existe um padrão de expressão emocional aceitável para todas as pessoas, lugares e situações. O importante é encontrar o que funciona para você.

Tire um tempinho para pensar no seguinte:

- Quem são as pessoas da minha vida com as quais posso compartilhar minhas emoções de modo seguro?
- Quais esferas da minha vida exigem que eu altere ou esconda determinados aspectos da minha experiência emocional?
- Em quais esferas da minha vida me sinto à vontade para o pleno compartilhamento de toda a minha experiência emocional?

- Existem normas culturais capazes de afetar minha confortabilidade em expressar minhas emoções? Quero incorporar essas normas em minha vida?
- Existem normas de gênero que podem afetar minha confortabilidade em manifestar minhas emoções?
- Existem certas pessoas ou lugares que dificultam a manifestação das minhas emoções?

Use as respostas a essas perguntas para ajudá-lo a decidir onde e quando é seguro e produtivo o compartilhamento e a expressão de suas emoções. A manifestação emocional objetiva que você se sinta compreendido e apoiado, não pior. Isso significa que escolher quando, onde e com quem compartilhamos nossas emoções é muito importante.

Quando você ama o que tem, tem tudo aquilo de que precisa.

Você não tem que amar cada esfera de sua vida e, mesmo que faça isso, ainda pode precisar ou querer mais. Você não deve aceitar menos ou mesmo ser depreciado em nome da gratidão. Permita-se ser grato pelo que é e otimista pelo que poderia ser.

CAPÍTULO 6

Como reclamar com eficácia

Reclamar tem péssima reputação. Artigos e gurus insistem que reclamar demais "reduzirá sua vibração", impedindo-o de concretizar sonhos, ter amigos e viver a vida que deseja. Sugerem que eliminemos de vez a negatividade de nossa vida, sobretudo gente reclamona.

Todos reclamamos – ainda que nos empenhemos em abandonar o chamado mau hábito – porque essa é uma das principais maneiras de nos relacionarmos com os outros e criarmos vínculos emocionais. Por meio de reclamações, compartilhamos como nos sentimos, nos conectamos e evocamos empatia no ouvinte, fazendo-o saber aquilo de que precisamos e como atender nossas necessidades. E mais, reclamar nos dá uma dica do que é importante e do que pode estar nos incomodando um pouco demais.

Sabemos que a repressão emocional exacerbada e a eliminação de todas as reclamações terão um efeito negativo na saúde e no bem-estar. Da mesma forma, reclamar demais, além de não ser bom, traz consequências negativas. O fundamental está no equilíbrio e em como reclamar de forma eficaz.

Pense um pouco em como você se relaciona com a reclamação:

- Sente-se à vontade para compartilhar reclamações?
- Como se sente depois de reclamar?
- Que mensagens recebeu sobre reclamar enquanto crescia?
- Como se sente quando os outros estão reclamando?

Cada um de nós tem uma relação única com o ato de reclamar, moldada por nossa personalidade, gênero, normas culturais e por aquilo a que fomos expostos. Há também uma variedade de assuntos encarados como reclamações aceitáveis e outros que as pessoas consideram inadequados ou incômodos. Cada pessoa tem seu próprio limite. Você pode perceber que consegue ser solidário ou ouvir alguém até certo ponto, mas, quando cansar, já era.

O que é reclamar e por que o fazemos?

Reclamar, por definição, significa expressar insatisfação ou aborrecimento sobre alguma coisa, e isso não é inerentemente ruim. Sempre estaremos insatisfeitos e aborrecidos com certos aspectos da vida, e falar sobre eles pode ser benéfico.

Os humanos adoram reclamar. Sei disso porque sou paga para me sentar com pessoas, toda semana, enquanto elas desabafam, reclamam e processam as próprias emoções. "Ter um lugar para desabafar" é, na verdade, uma das razões mais comuns de elas virem até o meu consultório. É uma das razões pelas quais Sam vem se sentar no meu sofá toda semana. Acho que a maioria descreveria o que ele faz como reclamação; vejo nossas sessões sob um prisma de necessidades e coisas que lhe são significativas.

Sam fala sobre o sócio nos negócios, a esposa, a situação financeira e os filhos. Mesmo que propenso à negatividade na sessão, é grato, autorreflexivo e, quando necessário, assume responsabilidade por suas ações. Adora compartilhar e busca validação. E o ato de compartilhar quase sempre lhe parece catártico, mas às vezes me pergunto se não está exagerando nas reclamações e se nossa terapia está se tornando muito mais uma hora de desabafo do que um tratamento focado em um objetivo específico, orientado para a mudança. Vez ou outra, ouço uma voz no fundo da minha cabeça que diz: "Vamos, Whitney, intervenha. Ele precisa mudar. Dê-lhe uma sugestão. Interrompa essa ladainha de reclamações". De vez em quando cedo. E me arrependo cada vez que ajo assim.

Recentemente, intervim enquanto Sam lamentava sobre como a esposa separa a roupa suja. Percebi que ele se surpreendeu quando fiz uma pausa e perguntei-lhe se essa seria mesmo uma reclamação útil, e logo tentei redirecionar a conversa para estabelecer limites com a parceira. Ele me fitou como se não tivesse concluído seu raciocínio, a boca aberta, meio confuso ou irritado. Não tenho certeza. Mas sei que o interrompi no meio de seu processamento; ele só queria que eu o ouvisse. Não estava pronto para minhas sugestões e, francamente, nunca me pediu conselhos. Em sessões posteriores, conversamos sobre por que Sam parece buscar validação na terapia e onde mais talvez não a esteja conseguindo. Também falamos sobre encontrar validação em espaços fora da terapia, inclusive na autovalidação. Há valor terapêutico no desabafo e na reclamação de Sam. Anotei em meu caderno que deveria ignorar a voz na minha cabeça me dizendo para interrompê-lo antes da hora e me assegurei de que sempre haja algo produtivo no processo terapêutico se eu permitir que o processo flua naturalmente.

Todos nós já fomos Sam. Para onde quer que olhemos, alguém está reclamando do reparo no asfalto, do chefe chato e do cara que o cortou no trânsito. Até reclamamos do nosso amigo que não para de reclamar. Exageramos? Pode ser. Não estamos reclamando de forma efetiva? Bem provável. Mas, sejamos sinceros, reclamar é uma antiga forma humana de catarse e conexão, e nunca vamos parar.

Reclamar é ruim para você?

Como qualquer coisa, reclamar demais pode comprometer nosso bem-estar mental e físico. Pensamentos negativos recorrentes muitas vezes levam a pensamentos ainda mais negativos. A reclamação excessiva também pode gerar maior liberação de cortisol, o hormônio do estresse. Já se demonstrou que níveis elevados de cortisol interferem na memória e no aprendizado, baixam a função imunológica e elevam a pressão arterial e o colesterol. Reclamação e ruminação[22] exacerbadas também podem nos manter estagnados em um problema e dificultar a formação de vínculos sociais. Uma das consequências mais comuns da reclamação excessiva é o impacto negativo em nossos relacionamentos porque, bem, pode ser irritante. Talvez adoremos reclamar, mas ouvir muitas reclamações também pode virar um desafio.

A quantidade de reclamação tem caráter pessoal e depende de coisas como temperamento, personalidade, experiência de vida e genética. Por exemplo, o traço de personalidade referente à amabilidade se associa a menos reclamações. Os extrovertidos também são mais sensíveis a nuances sutis em encontros sociais, o que significa que conseguem perceber uma ameaça de desaprovação social por reclamarem e, assim, param antes que atinjam esse limite. Mesmo quando altamente insatisfeitos, os extrovertidos tendem a reclamar menos para manter os vínculos e a aprovação social.

A melhor maneira de você saber se abusa nas reclamações é observar como elas afetam sua vida; se forem exacerbadas, você irá se sentir mal e ficará estagnado. Sem a sensação de liberdade, de interação, sem alívio algum, apenas se sentindo engaiolado. Sabemos que reclamar muito não é bom para nossa saúde, e sabemos que reprimir emoções e tentar ser positivo o tempo todo também não é. A quantidade certa de reclamações mostrará o que é importante, criará mudanças no mundo, ajudará você a obter *feedback* importante de outras pessoas e processar efetivamente as próprias emoções.

Por que reclamamos

A maioria dos meus pacientes inicia suas reclamações com: "Eu sei que não deveria reclamar, mas...", e rapidamente lhes pergunto: "Onde você

---

[22] Em psicologia, o termo "ruminação" se refere a uma cadeia de pensamentos repetitivos, de caráter negativo, que se perpetua por longo tempo. (N.T.)

aprendeu que não deve reclamar?" Se você quer compartilhar uma experiência e sentir como isso o afeta, mas sente vergonha ou culpa por essa necessidade, acho que vale a pena explorar a questão. Reclamar atende a um propósito real em nossa vida e, uma vez que descobrimos como integrá-lo efetivamente, coisas excelentes podem acontecer.

Reclamar atende a um propósito real em nossa vida.

Reclamações quase sempre atendem a dois propósitos: mudar o comportamento de outra pessoa e nos fazer sentir melhor. Uma das principais razões pelas quais reclamamos é a catarse – desabafar nossas frustrações. Pesquisas descobriram que aqueles que reclamam vez ou outra, aos quais solicitaram um texto sobre insatisfação com um problema, sentiram-se melhor quando puderam redigir suas reclamações, em comparação com quando escreveram sobre acontecimentos sem importância do dia anterior. A tentativa de reprimir as emoções quase sempre leva as pessoas à ruminação ou ao aumento irreal do problema, o que ilustra muito bem a relevância de compartilhar e reconhecer as reclamações. Este tipo de atividade também coloca os pingos nos is: sente-se, verifique o que o está incomodando, escreva e então vá embora e deixe o registro de lado. Problemas mais graves talvez exijam uma intervenção mais forte, mas escrever um diário simples costuma ser eficaz para as reclamações mais insignificantes.

Nem toda reclamação envolve aborrecimento. Também reclamamos para influenciar como os outros se sentem em relação a nós, por exemplo, um amigo que reclama da qualidade do vinho em um restaurante para mostrar paladar mais apurado, ou pessoas falando da falta de limpeza nos quartos do hotel em férias recentes. Foi tão ruim que nunca mais ficarão lá! Aí está uma maneira clássica de usar a reclamação para criar a impressão de superioridade, ou para que nos sintamos melhor com nós mesmos. Ao reclamar de algo "ruim", estamos demonstrando autoridade, estabelecendo nosso padrão, alinhando-nos com o que é "bom", identificando-nos como um determinado tipo de pessoa e criando pertencimento dentro de um grupo. Fique atento as suas conversas. Aposto que verá com frequência essas situações.

Reclamações também funcionam como porta de entrada para discutir eventos positivos. Faço isso o tempo todo e noto que muitos dos meus pacientes também. Enquanto escrevo este livro, pego-me reclamando do trabalho como uma forma de discutir o que redijo. É comum que pessoas reclamem de acontecimentos positivos, como casamento ou gravidez, discutindo o estresse ou os sintomas negativos. Faz sentido: queremos compartilhar um marco em nossa vida e muitas vezes sentimos que nos verão como presunçosos ou arrogantes. Ao compartilhar: "Nossa, que casamento caro. Não acredito no preço da comida!", estamos nos dando a oportunidade de discutir algo que nos importa e estabelecer vínculos sociais em torno do tema.

Também usamos a reclamação como uma maneira de conseguir informações de outras pessoas e avaliar as opiniões delas sobre determinados assuntos. Por exemplo, se você reclamar de seu chefe perto dos colegas, pode querer avaliar como se sentem em relação a ele e identificar se tem aliados ou inimigos no ambiente de trabalho, ou seja, está compartilhando uma reclamação como forma de construir alianças e descobrir quem está em seu time. Isso também lhe permite avaliar que tipos de opiniões e reclamações pode manifestar no futuro, na medida em que serão validadas, apoiadas e compartilhadas pelo grupo. Esse tipo de reclamação nos auxilia na formação de vínculos sociais e desperta em nós o sentimento de que somos vistos, ouvidos e aceitos pelas pessoas que as compartilham.

Nosso desejo por empatia e atenção é outra das principais razões pelas quais reclamamos. Pense nas coisas sobre as quais reclama. O que procura quando compartilha? Aposto que, na maioria das vezes, apenas uma validação como "Sim, isso é irritante" ou talvez queira alguma ajuda física real de alguém. Reclamar alerta outras pessoas sobre aquilo de que estamos precisando e permite que saibam como podem nos apoiar. É a nossa maneira de dizer: "Ei! Olhe para mim! Estou precisando de ajuda aqui", permitindo, assim, não só que o outro reconheça nosso sofrimento, mas também que estamos enfrentando dificuldades. Se nunca reclamarmos ou compartilharmos o que nos incomoda, será impossível que os outros saibam que precisamos de ajuda. Acho esse tipo de reclamação um dos mais importantes, pois é a maneira como acessamos apoio social em nossas comunidades e como podemos acessar empatia alheia.

No entanto, talvez uma das razões mais importantes pelas quais reclamamos seja responsabilizar as pessoas pelo próprio comportamento. Em pequena escala, você pode agir assim quando um restaurante erra o pedido ou, em maior escala, quando responsabilizamos nosso governo por promessas não cumpridas. Se queremos que algo mude, temos de extravasar nossas queixas, o que muita gente vê como "negatividade" e logo descarta. Devemos lembrar que a maioria dos principais movimentos de justiça social da história começou com uma reclamação. Alguém percebeu que algo não estava certo e teve a coragem de falar sobre injustiça. Esses tipos de reclamações quase sempre sofrem mais resistência, na medida em que nos forçam a olhar para nós mesmos, admitir o erro – se de fato ocorreu – e assumir um trabalho desafiador e importante, mas são absolutamente necessários para alguma mudança real no mundo.

Reclamar ajuda em nosso bem-estar, influencia a forma como as pessoas nos veem, cria vínculos sociais, nos permite coleta de informações, encoraja a empatia e ajuda na efetivação de uma mudança. E ainda desempenha um papel muito importante em nossa vida, sendo uma competência que, quando usada corretamente, pode ser extremamente eficaz.

Por que reclamar nos incomoda

Reclamar pode trazer à tona algumas emoções bastante complicadas, pois nos força a enfrentar problemas reais no mundo e muitas vezes gera em nós a sensação de desamparo. Podemos querer silenciar aqueles que falam sobre uma questão de justiça social importante para eles, porque o assunto nos incomoda e nos obriga a reconhecer nosso próprio privilégio. Queremos cair fora da conversa sobre a saúde de nosso amigo porque o assunto nos faz enfrentar nossa própria mortalidade ou incapacidade de ajudar. Não queremos perder tempo ouvindo alguém compartilhar sobre o que o está incomodando porque temos muito em nosso próprio prato. Ouvir reclamações, em geral, é uma das maneiras mais fáceis de nos sentirmos desconfortáveis, ainda mais se não entendemos por que a pessoa reclama ou o que ela quer de nós.

Existem tipos específicos de reclamações que tendem a ser mais incômodas. O psiquiatra Eric Berne nomeou um dos mais irritantes: *help-rejecting complainer*[23]. Este é o tipo de reclamação em que pessoas compartilham um problema e recebem uma sugestão de como resolvê-lo, mas então dizem: "Sim, mas...", e continuam rejeitando qualquer solução proposta. Trabalhei com muitos pacientes que estão presos a esse padrão. No início da minha carreira, continuava em busca da intervenção certa que seria aceita pela pessoa. No entanto, o reclamador não quer a resolução dos problemas. Talvez deseje apenas solidariedade e atenção, mas, como quem o ouve tem a clara impressão de que está buscando ajuda, continua oferecendo sugestão após sugestão até que um ou ambos, intensamente frustrados, desistam.

Todos nós já fizemos isso, certo? Mas é importante saber se quem reclama quer conselhos, antes de oferecê-los. É muito mais provável que a pessoa esteja buscando apoio, compreensão ou validação. Oferecer sugestões na hora errada pode aborrecer o conselheiro bem-intencionado, que se sentirá desvalorizado e desamparado, enquanto o reclamador se sente incompreendido e rejeitado. O ciclo não termina bem e, sem a devida comunicação, continuará a se repetir, gerando ainda mais frustração e intolerância para futuras reclamações.

Reclamar também tem se mostrado um ato contagioso. Ouvir os problemas de alguém pode gerar no receptor o sentimento de que precisa de uma liberação emocional, então ele discute o evento com outra pessoa e, posteriormente, reclama da reclamação. E também pode levar o receptor à ruminação, caso absorva todas as reclamações. Se eu não tivesse meus próprios escapes sociais e terapia, ouvir os pacientes o dia todo poderia me levar à necessidade de liberação emocional. Guardar tudo para mim, sem compartilhar, fomenta a possibilidade de que me esgote e tenha problemas para ouvir e ter empatia em sessões futuras.

E não acaba aí. Reclamar tende inclusive a levar ao fenômeno de *"one-upping"*, quando alguém tenta ofuscar sua reclamação com a própria reclamação. Por exemplo, uma pessoa reclama de dor nas costas

---

[23] Em tradução livre, "reclamador que rejeita ajuda". (N da. T.)

e o amigo diz: "Ah, você não tem ideia, meu pé está doendo tanto que mal consigo andar". Esse padrão deixa as duas pessoas se sentindo incompreendidas e não ouvidas. Às vezes, é útil compartilhar sua própria experiência para normalizar ou validar alguém, mas precisamos ter muito cuidado quanto a participar de uma olimpíada de reclamações.

É bem complicado falar sobre coisas que nos incomodam, às vezes, parece dolorosamente negativo e insuportável. Mas também há muita superação naqueles momentos em que temos espaço para ouvir e mostrar empatia. Pergunto-me o que aconteceria se não tentássemos escapar dessas conversas e nos aprofundássemos no motivo pelo qual estão acontecendo, para assim conhecermos melhor as pessoas, com compaixão e compreensão.

Vale a pena reclamar?

Cada vez que Sam vem à terapia e desabafa ou reclama, ele retoma sempre as coisas que realmente lhe importam – família, trabalho, saúde. Quase nunca fala do trânsito ou do clima. Portanto, sei que, se ele reclama de algo, é bem provável que seja significativo. Coisas menores também podem vir carregadas de significado, mas alguns tópicos são particularmente pesados. Uma vez analisada mais a fundo a reclamação, quase sempre somos capazes de entender e dialogar sobre o problema emocional subjacente, o que dá propósito a ela. Reclamações constituem uma janela para o mundo de alguém, revelando suas preocupações, expectativas e coisas que lhe importam. Assim, reclamações direcionam o tratamento, me levam a descobrir o que a pessoa valoriza e a explorar suas dificuldades. O ato de reclamar pode nos dar uma visão ampla de nossa psique, e vale a pena prestar atenção e explorá-lo.

Reclamar pode nos dar uma visão ampla de nossa psique.

Claro, existem limites para a eficácia da reclamação. Talvez seja benéfico vir à terapia toda semana e usar as reclamações como um veículo para mudança e compreensão, mas, quando se torna constante ou centrada nos mesmos aspectos, o benefício se dilui. É muito importante observarmos se sempre reclamamos de pequenos momentos do nosso cotidiano em que estamos irritados ou incomodados, para reconhecermos se essa reclamação está nos ajudando ou nos mantendo estagnados.

Gosto de dividir as reclamações em categorias: "alto nível" e "baixo nível". As primeiras se assentam em elementos importantes que têm um grande impacto. As segundas são tipicamente aborrecimentos ou frustrações diárias. Decida sobre as suas.

"Reclamações de baixo nível" são de coisas como:

- Clima.
- Trânsito.
- Colega irritante no trabalho.
- Comida fria em restaurante.
- Dor nos pés.
- Desrespeito na fila no supermercado.

Então temos as reclamações de alto nível – coisas que realmente importam. Preste atenção nelas. Identificá-las significa alguma coisa, e quase sempre constituem uma tentativa de conexão.

"Reclamações de alto nível" são de coisas como:

- Morte e perda.
- Infertilidade.
- Racismo, sexismo, homofobia, capacitismo, tamanhismo ou elitismo de classe.
- Doença e incapacitação.
- Problemas sérios de relacionamento, rompimentos ou divórcio.
- Brigas ou desavenças familiares.
- Problemas profissionais ou perda de emprego.
- Consequências de um evento traumático.
- Desafios de parentalidade.
- Experiência de gravidez e pós-parto.
- Problemas de saúde mental.

Quando discutimos essas questões, estamos falando de coisas importantes para nós e que afetam nossa vida; estamos falando seriamente. Quando se pegar compartilhando esses problemas ou querendo desabafar, dê atenção a essa necessidade. É provável que você precise de um escape, de alguma conexão ou até mesmo de uma grande mudança. Por algumas coisas vale mesmo a pena reclamar.

Como saber quando você está aprisionado em um ciclo de reclamação

Às vezes ficamos aprisionados em um ciclo reiterado de reclamações e temos muita dificuldade de encontrar uma saída. É normal que isso aconteça quando não há solução disponível, quando não nos sentimos ouvidos ou apoiados, ou quando temos dificuldade de aceitar nossa realidade. Ficar estagnado em um ciclo de reclamações nem ajuda nem é eficaz.

Aqui estão alguns indícios de que você está vivendo esse problema:

- Fala sobre a mesma coisa reiteradamente e não há mudança em seu diálogo ou em suas reclamações.
- Você se sente travado.
- Emite comentários muito preto e branco. (Por exemplo, "Não há outro trabalho para mim. Ficarei preso para sempre neste lugar infernal onde meu chefe grita comigo todos os dias".)
- As pessoas estão ficando irritadas; não querem ouvi-lo ou dizem que você está reclamando de novo da mesma coisa.
- A reclamação não o alivia ou não o conecta com outras pessoas.
- A reclamação está se tornando mais repetitiva, com ares de obsessão, ou como se estivesse em um *loop*.

Se perceber alguma dessas coisas acontecendo quando reclamar, saiba que há ferramentas disponíveis.

Primeiro, tente procurar a área cinzenta na situação. Os *loops* de reclamação quase sempre parecem muito preto e branco e incluem palavras como *sempre, nunca, não pode, não vai* etc. Quando perceber que está usando essa linguagem, procure brechas. Existe alguma esperança ou possibilidade aqui? Existe alguma chance de você não saber ao certo? Talvez haja algum espaço para flexibilizar seu pensamento ou a situação atual.

Usar o termo *e* também pode ser um jeito eficaz de sair de um ciclo de reclamações. Digamos que você esteja reclamando que sua mãe nunca a escuta. Isso pode soar-lhe verdadeiro, e talvez sua mãe realmente "nunca a escute". Usar o *e* talvez a faça se sentir mais empoderada. Então, pode dizer algo do tipo: "Minha mãe nunca me escuta *e* meu companheiro sim", ou: "Minha mãe nunca me escuta *e* tenho amigos que escutam". Permitir-se validar a reclamação sobre sua mãe e a mágoa de ela não escutar você e, em seguida, acrescentar uma declaração de apoio, torna a situação mais flexível e menos sombria. Abre espaço para o bem, o mal e o meio-termo.

Às vezes, nossas reclamações são verdadeiras. Se está lidando com a morte de um ente querido ou uma nova incapacitação, não há muita área cinzenta nisso. É doloroso, é verdade e é real. Talvez você até encontre alguma coisa boa ou alguma flexibilidade na situação, mas muitas vezes ainda não estamos prontos para percebê-la. A positividade tóxica nos diria que devemos apenas olhar pelo lado positivo da situação e encontrar algo pelo que somos gratos. Não vamos fazer isso, porque sabemos que não funciona. Portanto, pratique a *aceitação radical*.

Aceitação radical é uma competência de tolerância ao sofrimento desenvolvida pela fundadora da Terapia Comportamental Dialética, dra. Marsha Linehan. Segunda ela, a aceitação radical reconhece que a dor é uma parte inevitável da vida, e lutar contra esse sofrimento quase sempre desencadeia mais sofrimento. Acredito que aceitação radical é o antídoto para a positividade tóxica. Quando a praticamos, não estamos concordando, apoiando ou dizendo que gostamos da nossa realidade atual. Em vez disso, estamos aceitando que não podemos mudar os fatos, mesmo que não gostemos deles ou discordemos. Pratico-a com quase todos os meus pacientes. E também na minha vida.

De acordo com a dra. Linehan, há dez passos na prática da aceitação radical que lhe permitirão sair de um lugar de sofrimento para um lugar de aceitação. São eles:

1. Observe se você está questionando a realidade ou lutando contra ela. ("Isso não é justo.")
2. Lembre-se de que a realidade desagradável é exatamente como é e não pode ser mudada. ("Isso aconteceu.")
3. Lembre-se de que existem causas para a realidade. ("Foi assim que as coisas aconteceram.")
4. Pratique a aceitação com todo o seu ser (mente, corpo, espírito). Use o diálogo interno de aceitação, técnicas de relaxamento, atenção plena e/ou imagens mentais.
5. Liste todos os comportamentos que adotaria se aceitasse os fatos, e depois pratique-os como se já tivesse aceitado o que aconteceu.
6. Imagine acreditar no que você não quer aceitar e ensaie em sua mente o que faria se aceitasse o que parece inaceitável.
7. Fique atento às sensações corporais enquanto pensa no que precisa aceitar.
8. Permita que o desapontamento, a tristeza ou o pesar aflorem dentro de você.
9. Reconheça que a vida pode valer a pena mesmo quando há sofrimento.
10. Levante prós e contras se resistir à prática da aceitação.

Todos ficamos aprisionados em um ciclo de reclamações de tempos em tempos porque, bem, a vida não é justa e aceitar a realidade é difícil. Seremos desafiados pelos altos e baixos da vida por toda a eternidade. Parece sombrio, mas é verdade. Quando esperamos que a vida seja justa ou culpamos uma crise por nossa incapacidade de pensar positivamente ou manifestar outro resultado, criamos uma separação dolorosa entre nossa realidade e nosso estado mental. A lacuna entre o que é e o que esperamos que seja se revela quase insuportável. Se e quando sentir dificuldades para aceitar ou reconhecer os fatos, tente ser compassivo consigo mesmo e use essas competências. Procure o cinza na situação, acrescente o *e* à sua reclamação e pratique a aceitação radical. Com a prática, você sairá do *loop*.

Como reclamar de forma eficaz

A quantidade certa de reclamações e a maneira eficaz de fazê-la nos ajudam a cair fora desse ciclo interminável. A dra. Robin Kowalski, destacada pesquisadora do comportamento de reclamação, descobriu que aqueles que reclamam com a esperança de alcançar um determinado resultado tendem a ser mais felizes. Reclamar é mais eficaz quando a pessoa:

- Usa fatos e lógica.
- Conhece seu resultado ideal.
- Entende quem tem competência de fazer isso acontecer.

Se conseguir identificar essas três coisas, é bem mais provável que sinta sua reclamação útil e eficaz, além de levar a um resultado melhor.

OITO DICAS PARA UMA RECLAMAÇÃO EFICAZ

1. Descubra a causa da reclamação. O que realmente está incomodando você?
2. Identifique o objetivo.
    a. Está tentando conscientizar alguém de um problema?
    b. Quer adotar uma mudança?
    c. Quer ser ouvido?
    d. Quer ser validado?
    e. Quer conselhos?
3. Escolha o público certo. Quem pode ajudá-lo com isso? Existe alguém que entenderia ou tenha relação com o problema? Não

reclame sempre para as mesmas pessoas. Escolha aquelas que possam realmente validá-lo ou ajudá-lo em seu objetivo.
4. Decida se vale a pena. Pense nas questões que lhe são importantes e procure reclamar com moderação.
   a. O que acontecerá se você reclamar disso?
   b. O que acontecerá se você não reclamar?
5. Valide que você pode querer reclamar porque está em busca de conexão. Há mais alguma coisa que possa compartilhar para se conectar além de uma reclamação?
6. Anote. Isso pode ser muito útil se sentir dificuldade em administrar suas reclamações. Pesquisas mostram que escrever ajuda a manter o foco, organizar experiências e ampliar a compreensão do que aconteceu e de como lidar com isso.
7. Seja o mais direto possível sobre seu problema.
8. Lembre-se de que existem desigualdades verdadeiras no mundo. Podem chamá-lo de "negativo" ou de "reclamão" por trazê-las à tona. Tem gente em situação pior. Continue falando sobre o assunto e foque no seu objetivo.

O objetivo não é eliminar a reclamação da vida, mas sim torná-la mais eficaz e adaptativa. Quando reclamamos de forma eficaz, podemos conseguir proximidade, apoio e a mudança que todos almejam. À medida que conseguir colocar em prática essas oito dicas apresentadas, você terá se familiarizado com elas e será mais fácil usá-las. Talvez até perceba que transita entre elas de forma natural e sem muito esforço. Talvez descubra também que suas reclamações se tornam muito mais direcionadas para objetivos, em vez de repetitivas e frustrantes.

Reflexão

Reserve um momento para pensar no papel da reclamação em sua vida e em como você normalmente processa as emoções. Responda às seguintes perguntas de forma sincera.

- Você se pega reclamando com frequência? Do que costuma reclamar? São reclamações de alto ou baixo nível?
- Que papel tem a reclamação em sua vida? Faz você se sentir melhor ou pior? Mais conectado ou mais sozinho?
- Quando reclama, há alguma coisa mais profunda acontecendo?

Tudo acontece por uma razão.

Nem tudo acontece por uma razão que faz sentido. Algumas situações não têm nenhum lado bom. Sempre que estiver pronto, escolha como deseja incorporar o que aconteceu e o que isso significa para você.

CAPÍTULO 7

Como apoiar alguém

Embora apoiar as pessoas com quem nos importamos seja muito simples, infelizmente muitas vezes estamos tão preocupados em fazer o "certo", presos em nossas próprias emoções ou experiências, ou apenas não nos ensinaram como, que erramos ou nem tentamos. Este capítulo o ajudará a entender como administrar o impacto e a intenção, decifrar que tipo de apoio será mais útil para alguém, entender as características do real apoio, e como ouvir, validar e mostrá-lo ao outro. Você nem sempre acertará ou será perfeito (afinal, é humano), mas estará munido com as ferramentas necessárias para navegar, auxiliando as pessoas de quem mais gosta e a si mesmo.

Intenção importa; impacto, mais ainda

Às vezes tentamos ajudar e fracassamos; compreendem mal nossas intenções ou não querem nossa ajuda. E a causa dessa situação pode ser a maneira como ajudamos, meio grosseira ou abrasiva, não ouvimos as reais necessidades da outra pessoa, ou ela não está pronta ou disposta a aceitar nossa ajuda, mesmo que oferecida de forma compassiva e gentil. Isso aconteceu comigo na sessão com Sam, quando tentei interromper suas queixas. Fui gentil e compassiva. Queria ajudar, mas ele não gostou do meu jeito e não era aquilo de que precisava. A situação pode ser frustrante, sobretudo quando consideramos que nossas ações são amáveis, generosas ou úteis. Mas, se nossa intenção não se alinha com o impacto, precisamos investigar o motivo.

Saber o que e quando dizer virou um desafio. Sei que existem muitas regras, e parece que estão sempre mudando. Se você percorrer as mídias sociais, encontrará uma ladainha de postagens que soam como declarações do que é a coisa "certa" a dizer e o que é a "errada". Este livro talvez até fomente a sensação de que você não consegue acertar, e isso faz sentido, mas quero que saiba que não há nada perfeito para dizer. Todo mundo tem preferências e sensibilidades próprias, incluindo você. Odeio ser abraçada ou tocada quando estou chorando, e você talvez adore, razão pela qual precisamos confiar menos em roteiros, quando se trata de ajudar os outros, e mais em nossa curiosidade compassiva.

Vou arriscar um palpite: se você comprou este livro, tem boas intenções, quer aprender a ser mais útil e solidário. A noção de que intenções importam menos que impacto talvez lhe seja difícil; para mim, foi. Se já lhe disseram que você magoou alguém apesar de suas intenções, é possível que tenha reagido de maneira bastante defensiva. Talvez tenha dito alguma coisa do tipo:

- "Eu estava apenas tentando ajudar."
- "Eu não pretendia te magoar."
- "Você está exagerando as coisas."
- "Só estou tentando ser legal. Não percebe?"
- Então, acho que você não quer minha ajuda."
- "Você entendeu tudo errado."
- Soa familiar?

Se você se vê como uma pessoa amável, prestativa e compreensiva, pode ser realmente desafiador ouvir o contrário, com potencial de abalar o senso que tem de si mesmo e levá-lo a questionar sua identidade. Como terapeuta, treinada para ouvir com compaixão e ajudar o outro, ainda entendo errado. Então, vamos todos parar um momento e respirar aqui. Tente admitir para si mesmo: às vezes vou errar. Nem sempre vou saber a melhor maneira de ajudar ou apoiar alguém, e tudo bem. Continuarei tentando, questionando e ouvindo. Tentarei evitar ficar na defensiva; tentarei entender.

Ao aceitar que é um ser humano e não será perfeito – e nem estabelecer essa expectativa para si mesmo –, as coisas ficarão mais fáceis.

Quando falamos de intenção *versus* impacto, é importante observar que não são forças iguais que podem ser completamente separadas. A intenção não é jogada pela janela; importa, e a pesquisa embasa minhas palavras. Em um estudo recente, os participantes receberam descargas iguais de choques elétricos. Aqueles que pensaram que foram administrados intencionalmente os vivenciaram de modo muito mais doloroso do que os que pensaram que não passavam de um acidente. As pessoas também se motivam mais a culpar ou punir alguém quando veem o ato nocivo como intencional. Melanie Tannenbaum, colaboradora da revista *Scientific American*, com muita sabedoria aponta como isso foi tecido em nosso próprio sistema jurídico: atos que desencadeiam mais dor ou sofrimento são punidos com mais rigor, e a intencionalidade é levada em consideração. Por exemplo, homicídio culposo implica a morte não intencional de alguém, portanto, tratam tais casos como crimes muito menos graves do que assassinato, que é um homicídio doloso, com o conhecimento e intenção ou desejo de fazer o mal. Esses dois crimes têm penas mínimas diferentes, e a intenção é altamente debatida nos processos judiciais, apesar de o impacto ser o mesmo.

Impacto e intenção estão conectados ao nosso cérebro, sendo impossível separá-los completamente. Estudos mostram que tendemos mais a perdoar um crime quando o raciocínio subjacente a ele parece justo. Por exemplo, é mais provável que você puna alguém que atravessa um sinal vermelho porque está tentando esconder drogas, do que uma mãe que não o respeita para chegar em casa e encontrar o filho doente. O comportamento é o mesmo – ambos desrespeitaram um sinal vermelho –, mas você vê o ato de modo totalmente diferente. A pesquisa não discute se os danos intencionais prejudicam mais do que os não intencionais – na verdade, o resultado é sempre o mesmo –, porém demonstra como o impacto e a intenção não podem ser separados. Ou seja, devem ser vistos juntos para ajudar nosso engajamento em conflitos significativos e para, assim, desenvolvermos uma compreensão mais profunda do que precisamos e queremos.

Como fazer a sua parte

Imaginemos que alguém disse que você o magoou. Apesar de suas melhores intenções, errou o alvo e falou algo errado. Sei que você é uma boa pessoa e talvez não tenha desejado manifestar tais coisas, mas, por ora, vamos esquecer esse lado. Se a situação envolve um relacionamento que você deseja melhorar, se está comprometido em lidar com esse conflito e interessado em chegar a um ponto em comum, fará uma triagem das necessidades do momento na ordem de extrema importância. A pessoa está magoada, e precisamos priorizar esse sentimento, para depois passarmos às explicações e à compreensão. Se é um relacionamento abusivo ou alguém com quem você não quer encontrar um terreno comum, tudo bem; desengata e vá embora. Lembre-se: você não precisa seguir estes passos em todas as situações – use seu julgamento pessoal.

Vamos iniciar o processo de triagem emocional. Se você acabou de magoar alguém, apesar de suas melhores intenções, aqui está o que tentar.

- Engula o orgulho por um momento. É difícil, eu sei. Talvez você pense que a pessoa está sendo irracional ou então não consegue perceber o lado dela. Beleza. Você pode validar a perspectiva do outro sem concordar com ele.
- Valide a perspectiva da pessoa. Repito, você não precisa concordar. Basta que legitime como isso pode ser verdade para ela. Eis algumas opções:
    "Eu te ouço e quero entender mais".

"Faz sentido que se sinta chateado".
"Agradeço por compartilhar isso comigo".
- Tente entender. Quando a outra pessoa estiver pronta (sempre pergunte), poderá ser benéfico tentar chegar a um entendimento mais profundo sobre o que aconteceu. Você vai querer saber:
Como a impactou.
Por que isso levou a tal desfecho.
Como as coisas poderão ser diferentes da próxima vez.
- Repare-se. O tipo de reparação e a extensão vão depender do nível da mágoa e do que aconteceu. Você pode:
Reconhecer os sentimentos da pessoa e o que aconteceu.
Desculpar-se e assumir a responsabilidade por sua parte.
Discutir e concordar com um plano para reparar e evitar que a situação se repita.
- Compartilhe seu ponto de vista. Uma vez que a outra pessoa tenha a chance de se sentir ouvida e compreendida, ela talvez esteja receptiva a ouvir o que você pensa do ocorrido, inclusive suas intenções e seus motivos. Em algumas situações, compartilhar isso não é o mais apropriado e, em outras, pode ser bastante útil. Tente evitar ficar na defensiva ou dizer qualquer uma das afirmações listadas na página 152.

Talvez você precise fazer pausas entre cada uma dessas etapas ou retomar alguma mais de uma vez. Tudo bem. O mais importante é sua receptividade para ouvir, aprender e descobrir como fazer melhor. E lembre-se: tais etapas só funcionam com alguém disposto a participar da dinâmica. Se você está lidando com um indivíduo abusivo ou que não demonstra interesse em ajudá-lo a entender, seu trabalho duro não será bem-vindo.

Como compartilhar sem ferir sentimentos

Outra situação em que muitas vezes temos intenções maravilhosas, mas tendemos a errar, ocorre quando compartilhamos nossos sentimentos, preocupações ou sugestões com alguém, sobretudo sentimentos pessoais ou mais delicados. Às vezes, isso ajuda na reparação de um relacionamento e nos aproxima; outras vezes, a pessoa não recebe bem nossa mensagem e acaba afastando-se de nós.

Aí se configura outro obstáculo de comunicação e nem sempre acertaremos, embora haja algumas maneiras de mitigar o risco. Seguem algumas dicas para ajudá-lo a compartilhar os próprios sentimentos sem magoar a outra pessoa:

- Tente manter o foco em sua vivência e em seus sentimentos. Evite começar frases com "Você" e substitua por "Eu sinto".
- Use um tom de voz calmo. Procure não gritar.
- Evite palavras que agridam ou insultem o outro.
- Selecione o vocabulário com cuidado. Faça o planejamento antecipado do que gostaria de dizer.
- Seja específico sobre como você se sente e a possível causa do sentimento. Contar uma história ou dar exemplos pode ajudar a outra pessoa a entender.
- Avalie seu objetivo para esta conversa. O que deseja que a pessoa saiba ou compreenda? O que gostaria que fosse diferente?
- Esteja disposto a ouvi-la. Se ela for respeitosa e parecer disposta a conversar, pode ser útil ouvi-la.
- Tenha em mente que, mesmo planejando e usando as palavras certas, há o risco de a pessoa não receber bem ou entender. Controle o que puder.

De novo, lembre-se de que em algumas situações você diz tudo certo, age de acordo com o manual e, ainda assim, não funciona. Trabalhe para estar no comando da sua narrativa. Não podemos controlar a recepção da outra pessoa, mas podemos fazer o melhor para compartilhar conforme nossos próprios valores. Se você compartilhou alguma coisa, foi doloroso ou a outra pessoa não compreendeu, tente refletir sobre a lista aqui proposta e ver como se saiu. Também não há problema em perguntar ao outro como transmitir a mensagem de maneira mais eficaz da próxima vez.

Elementos essenciais

Apoiar a nós mesmos e aos outros não significa dizer a coisa "certa" ou "perfeita". A forma de nos comunicarmos dependerá da pessoa com quem estamos falando, do assunto e do ambiente. Mesmo assim, empenhe-se para incluir estes quatro ingredientes em sua comunicação:

- Curiosidade.
- Compreensão.
- Validação.
- Empatia.

Curiosidade significa um processo contínuo de aprendizagem sobre as pessoas ao nosso redor e sobre nós mesmos, sobre o que nos faz sentir seguros e apoiados, como gostamos de ser ajudados e sobre aquilo de que precisamos em momentos de crise e luta. Essas não são qualidades imutáveis: desejos e necessidades sempre mudam no decorrer de nossa vida. Curiosidade implica questionar, estar receptivo a mudanças e saber que conhecer a nós mesmos e aos outros é um processo sem fim. Curiosidade abre o caminho para compreensão, validação e empatia. Tente mostrá-la das seguintes maneiras:

- Fazendo perguntas abertas, por exemplo: "Você pode falar mais sobre_____?" ou "Estou aqui se quiser me contar o que aconteceu hoje".
- Use a escuta ativa, o que inclui sugestões não verbais, por exemplo, acenar com a cabeça, fazer contato visual e prestar muita atenção à conversa, sem se distrair.

A compreensão vem depois que usamos a curiosidade. Será que algum dia entenderemos completamente aquilo de que precisamos ou o que as pessoas esperam de nós? Provavelmente não. Mesmo assim, devemos persistir em nossa busca de compreensão e conhecimento. Compreender não significa concordar. Muitas vezes entendemos um sentimento alheio, ainda que não o tenhamos vivenciado ou que concordemos com ele. Compreender implica o uso de nossa curiosidade para pintar um quadro e tentar entender o porquê, o como e o quê. É abrir espaço para a possibilidade.

- Não presuma que você sabe como uma pessoa se sente só porque passou por uma situação semelhante.
- Faça perguntas para garantir que você compreende como o outro se sente, por exemplo: "Parece que foi a parte mais difícil para você, não é?".
- Continue deixando a pessoa compartilhar até que ambos se sintam em processo de compreensão.

Quando entendemos algo, somos capazes de validá-lo. Assim como o entendimento, validação não equivale a endosso; implica simplesmente que conseguimos entender como alguma coisa é possível e reconhecê-la em nós ou em outra pessoa. No início, pode ser desafiante, mas é absolutamente viável. Sei disso porque faço todos os dias.

Podemos nos sentar com uma pessoa e validar a experiência dela, mesmo não concordando completamente. Quando iniciei minha formação para me tornar terapeuta, aprendi uma coisa chamada consideração positiva incondicional: o terapeuta tem e demonstra aceitação geral do paciente, deixando de lado opiniões e preconceitos pessoais. Validar envolve abrir espaço para ouvir e entender como o outro se sente em sua vivência singular. É se permitir entender que sua experiência e a experiência alheia podem ser verdadeiras ao mesmo tempo. Eu, por exemplo, nem sempre concordo com o que meus pacientes dizem. Talvez as escolhas que fazem não sejam as que eu faria para minha própria vida. Beleza. Ainda assim consigo manter espaço na sala, incentivá-los a compartilhar e validar suas experiências. Consigo vê-los como seres humanos únicos, com experiências individuais. A validação soa como:

- "Faz sentido você se sentir assim."
- "Entendo por que você reagiria dessa maneira."
- "Esse é um sentimento compreensível, sobretudo nesta situação."

Depois de usar a curiosidade, desenvolver uma compreensão e validar, vem a empatia: abrir espaço para os sentimentos, compreendê-los e permitir que existam. Tudo faz sentido no contexto. Quando entendemos por que uma pessoa é do jeito que é, somos capazes de desenvolver empatia e compreensão. E mais, conseguimos ver as coisas de outro ângulo e ainda desenvolver uma perspectiva alternativa para a situação, mais compassiva e menos crítica. Você está demonstrando empatia ao questionar, tentar entender e validar alguém. Eis aqui o que também pode tentar:

- Ouvir com atenção, sem se distrair.
- Compartilhar um momento em que se sentiu da mesma maneira e normalizar a reação do outro.
- Abster-se de emitir sugestões e apenas deixar que a pessoa esteja com os sentimentos.
- Agradecê-la por compartilhar com você.
- Continuar o processo de aproximação e conexão.

Ao apoiar a si mesmo ou a outra pessoa, tente pensar menos em dizer a coisa certa e mais nestes elementos. Pergunte-se:

- Como posso conhecer melhor esta situação?
- Existe alguma coisa que não entendo sobre como ela está se sentindo ou o que está passando?
- Como posso ajudar a se sentir compreendida e apoiada?
- Que palavras ou ações vão mostrar empatia neste momento?

Se você age com curiosidade e busca compreensão, validação e empatia naturalmente vão aflorar.

Como dar apoio emocional de modo eficaz

Se você está lendo este livro, provavelmente gosta de ser útil. Talvez se identifique como um empata ou um *helper*[24]. Talvez sinta um sentimento de realização ou orgulho quando ajuda os outros. Às vezes, tentando ajudar, ficamos tão arrebatados e focados em sentir que somos um "bom" *helper*, em vez de sermos um *helper* eficaz. Há diferença entre ambos.

É aqui que intenção e impacto voltam à cena. Precisamos ter certeza de que nossa intenção é boa e que seu impacto também se alinha às necessidades da outra pessoa. Se não sabemos do que ela precisa e nem nos preocupamos em perguntar, muitas vezes estamos ajudando porque nos sentimos bem, e não porque queremos de fato resolver um problema.

Então, quais as características de uma pessoa que oferece um apoio eficaz? Aqui estão alguns elementos-chave:

- Boa competência de escuta.
- Competência de perguntar e identificar aquilo de que o outro precisa.
- Limites firmes.

Quantas vezes alguém interrompeu você no meio de uma frase e perguntou de modo ansioso: "Nossa! Mas você já tentou?" Comigo, aconteceu um milhão de vezes. Estamos tão ansiosos para ajudar ou consertar que não perdemos tempo em saber o que a pessoa acredita que precisa ou quer. Se você deseja ser alguém de apoio eficaz, precisa desenvolver excelentes competências de escuta, o que envolve perguntar e ouvir:

- O problema emocional da pessoa.
- Os recursos a que ela tem acesso.
- O que ela já tentou fazer.
- O que ela está pedindo naquele momento. (Dica: talvez não seja uma solução, mas sim um ouvido atento e um quê de compaixão.)

---

[24] Em psicologia, alguém que basicamente se preocupa com o bem-estar mental e emocional do outro. (N.T.)

Quanto mais você for capaz de ouvir e entender as necessidades do outro, maior a probabilidade de conseguir ajudá-lo do jeito mais útil para ele.

Limites fortes também são essenciais para *helpers*. Houve uma época em que eu realmente achava que cabia a mim consertar as coisas para todos. Se algo desafiador estava acontecendo com um membro da família, eu tinha de carregar o fardo também. Precisava fazer tudo certo. No início da minha carreira, sentia dificuldade em deixar o sofrimento dos meus pacientes no consultório. Precisava ser igualmente arrastada por ele; caso contrário, significaria que eu era "insensível" e "não me importava". Coisas que eu lia e via nos telejornais ficavam comigo por semanas. Sentia-me culpada por aproveitar minha vida quando ocorria tanta coisa "ruim" no mundo. Tudo era preto e branco. Bom ou mal. Eu julgava as pessoas que aparentemente conseguiam se desligar do que estava acontecendo e me perguntava: "Como elas não se importam?". Uma situação absolutamente insustentável, e eu sabia que teria de mudar.

Aprendi que não precisamos ajudar a todos, e é impossível fazê-lo. Precisamos estabelecer limites com as pessoas quando não temos energia, recursos ou qualificações para ajudá-las, e tudo bem! Na verdade, é essa a atitude saudável e ética. Assumindo-nos com sinceridade diante daqueles que precisam de nossa ajuda, eles estarão livres para procurar outras pessoas e recursos mais prontamente disponíveis para auxiliá-los. Afinal, algumas situações podem exigir a ajuda de um profissional ou de alguém com mais experiência na área. Direcionarmos uma pessoa para outros recursos ou dizer-lhe que não podemos ajudá-la, não significa que não nos importamos com ela ou que a estamos abandonando. Significa, sim, não apenas que estamos dando nosso melhor a ela, propiciando-lhe recursos mais adequados, mas também que estamos nos empenhando no estabelecimento de limites e autocuidados.

Eis aqui algumas maneiras de dizer a alguém que você não tem energia, recursos ou competência para ajudá-lo:

- "Sinto muito que isso esteja acontecendo. Tive um dia complicado e sinto que talvez não consiga apoiá-lo agora. Posso te ligar amanhã?"

- "Acho que não sou a melhor pessoa para ajudá-lo. Já pensou em procurar outra pessoa?"
- "Este assunto é muito difícil para mim."
- "Eu quero mesmo apoiar você, mas estou esgotado agora. Posso avisar quando conseguir falar sobre isso?"
- Espere para reagir quando se sentir preparado. Observação: Se alguém tem tendências suicidas ou pensa em se ferir, e você sente que não pode ajudá-lo, é importante encaminhá-lo para os recursos certos: entrar em contato com o *National Suicide Prevention Lifeline*[25]; chamar um amigo de confiança, terapeuta ou membro familiar para ajudar; ou contactar os serviços de emergência.
- "Você já teve um daqueles dias em que está exausto e precisa de tempo para si mesmo? Sou eu hoje. Receio que, se tentar dar-lhe conselhos ou ouvir, não vai dar certo. Posso entrar em contato com você (insira um horário)?"
- "Quero estar ao seu lado e apoiá-lo. Acho que não tenho gás para fazer isso agora, mas depois de um cochilo vou estar pronto. Você acha que podemos conversar sobre isso (insira um horário)?"
- "Eu quero de verdade apoiar você, mas preciso focar neste (projeto/qualquer coisa) agora. Podemos conversar mais tarde?"
- "Não me sinto à vontade para falar sobre esse assunto com você. Há mais alguém com quem possa conversar?"

Claro, existem situações em que você precisa mesmo ajudar, ainda que desprovido de energia mental, sobretudo como parental ou cuidador de alguém que depende de você. O modo como estabelecer limites, dependerá em grande parte do seu relacionamento com a pessoa, dos recursos a que tem acesso e da situação. Tente focar em quais limites pode definir e quais áreas estão sob seu controle. Mesmo com limites, você ainda pode

---

25 Referência à rede de prevenção de suicídio com sede nos Estados Unidos, com mais de 160 centros de crise e que oferece serviço 24 horas por dia, 7 dias por semana, por meio de uma linha direta gratuita. No Brasil, há o CVV – Centro de Valorização da Vida, que realiza apoio emocional e prevenção do suicídio, atendendo voluntária e gratuitamente todas as pessoas que querem e precisam conversar, sob total sigilo, por telefone, e-mail e chat, 24 horas, todos os dias. (N.T.)

sentir fortes emoções quando algo acontece com alguém amado, no entanto, eles o impedirão de se exceder ou sofrer mais do que o necessário. Permitirão que você foque em ajudar a outra pessoa e ouça efetivamente as necessidades dela.

Lembre-se de que o objetivo é abrir espaço para a dor, não carregar o fardo. Quando abrimos esse espaço, nós nos sentamos com a pessoa, sentimos empatia, reconhecemos, perguntamos como podemos ser úteis e validamos. Assumir a dor alheia parecerá pesado e penoso. Também não vai ajudá-lo e nem mesmo auxiliará o outro.

Tente se fazer estas perguntas sempre que se sentir impelido a ajudar ou reparar algo para outra pessoa:

- Meus limites estão sendo violados quando tento ajudar?
- Sinto-me emocional ou fisicamente esgotado depois de ajudar?
- A assistência que ofereço está dando certo?
- O que está me motivando a ajudar dessa forma?
- Estou me ressentindo em razão do meu papel nesta situação?
- Sinto que a ajuda é um jeito de provar meu valor?
- Sou a pessoa certa para oferecer ajuda nesta situação?
- Perguntei à outra pessoa como ela gostaria de ser ajudada?
- O apoio que estou oferecendo está me fazendo perder outras coisas que valorizo?
- Ajudar está me fazendo sentir desamparado e/ou desvalorizado?

Ser uma pessoa de apoio eficaz se resume a ouvir, buscar compreensão, validação, empatia e estabelecer limites fortes consigo mesmo e com os outros. Tudo bem se você nem sempre diz a coisa certa; você não é um cartão Hallmark[26]; é um ser humano. Não se pressione para ser sempre perfeito e dizer ou fazer a coisa certa. Conduza com esses elementos essenciais e ficará surpreso com o fato de como os menores gestos e frases auxiliam você e as pessoas com quem convive.

---

26 Referência à maior produtora de cartões comemorativos dos Estados Unidos, onde detém mais de 50% do mercado; a Hallmark comercializa seus produtos em mais de 100 países. (N.T.)

Ser humano é ser negativo

Apoiar pessoas e ouvir reclamações pode ser mesmo desafiador. Quando não conseguimos reparar alguma coisa ou um assunto nos arrasa, corremos o risco de querer eliminar a pessoa de nossa vida, ou apenas nos referirmos a ela como "negativa". Mas os humanos são inerentemente negativos por natureza, o que nos ajuda a sobreviver.

Nossa tendência de prestar mais atenção às coisas ruins e ignorar as boas não acontece por acaso – é um produto da evolução necessário para a sobrevivência. A principal função do cérebro humano é olhar para o perigo e nos manter vivos, não nos fazer felizes, razão pela qual o pensamento positivo constante pode ser tóxico e perigoso. Sem um pouco de negatividade, estaríamos todos perdidos.

Houve um tempo em que prestar atenção aos aspectos ruins e perigosos da existência humana era literalmente uma questão de vida ou morte. Aqueles que sentiam o perigo e reagiam com rapidez tinham muito mais probabilidade de sobreviver. O mundo mudou muito desde então, mas não nosso cérebro e por isso vemos ameaças em lugares onde ela inexiste ou temos reações desproporcionais diante de certos eventos. O cérebro não consegue distinguir se uma ameaça é real ou não. Eu sei, soa confuso. Mas, quanto mais você for capaz de compreender o pensamento negativo e seu propósito, melhor conseguirá identificar quando esse modo primitivo está aflorando para você e para os outros.

Seres humanos também são propensos a alguma coisa chamada viés da negatividade: os impactos negativos têm um efeito muito mais intenso em nosso cérebro do que os positivos. Em um estudo conduzido pelo psicólogo John Cacioppo, os participantes viram imagens positivas, negativas ou neutras. As negativas produziram uma resposta muito mais forte no córtex cerebral do que as positivas ou neutras, o que mostra que todos ali eram mais propensos a se lembrar dos estímulos negativos. Quando somos expostos a estímulos negativos, perigosos ou ameaçadores, ocorre um maior processamento neural no cérebro. Humanos tendem a:

- Lembrar-se mais das experiências traumáticas do que das positivas.
- Lembrar-se mais de insultos do que de felicitações ou elogios.
- Reagir mais intensamente a estímulos negativos.
- Pensar muito mais nas coisas negativas do que nas positivas.
- Reagir mais a eventos negativos do que a positivos.
- Aprender mais com situações ou resultados negativos.
- Tomar decisões mais com base em informações negativas do que em informações positivas.
- Pensar naquilo de que talvez precise abrir mão para atingir uma meta e não no que talvez conquiste.
- Focar mais em informações negativas sobre um novo conhecimento.
- Armazenar as lembranças negativas na memória de longo prazo com mais frequência do que as positivas.

Como nosso cérebro insiste em focar no negativo, não admira que seja tão difícil ser positivo o tempo todo! Temos de aceitar que nosso cérebro age apenas para tentar nos manter vivos e seguros e, daí então, poderemos encontrar novas maneiras de operar no mundo moderno, as quais não nos levem a ver falhas ou ameaças em lugares onde elas nem existem.

Não, você não pode eliminar toda a negatividade de sua vida

Existem milhares de artigos on-line que nos incentivam a "eliminar a negatividade" de nossa vida, o que acaba sendo até divertido. Quando vejo a expressão, penso: *O que significa isso?* Não se deve mais falar com quem é negativo ou queixoso? Que assuntos estão fora da questão? Com tudo o que você acabou de aprender sobre o cérebro, acho que podemos concordar que eliminar toda negatividade da vida não é apenas impossível, mas também muito arriscado.

Quando as pessoas dizem por aí que querem eliminar a negatividade, acho que querem dizer que não desejam entrar em conflito ou se incomodar com qualquer coisa que gere mal-estar ou desconforto. Usam a afirmação "eliminar a negatividade" quase sempre como uma razão para não trabalharem em si mesmos, para eliminarem as pessoas de sua vida ou para ignorarem questões flagrantemente óbvias do mundo. Enfim, ela é bastante perigosa para nossos relacionamentos, com potencial para terminarmos relacionamentos com pessoas que não são abusivas ou tóxicas, mas estão apenas passando por um momento difícil.

Se você eliminar de sua vida todos aqueles que manifestarem negatividade, nunca formará os tipos de vínculos que se desenvolvem por meio de conflitos e dificuldades. Agora, avalie com cuidado relacionamentos e até caia fora deles se as pessoas não o tratarem bem, assumirem comportamentos abusivos ou não valorizarem o relacionamento. Isso não significa ser negativo. A negatividade pode decorrer de uma depressão, diante de um acontecimento difícil como perder um dos parentais ou ser demitido, pode ocorrer em um momento de transição ou de luta com um problema de saúde. Nem sempre é tóxica ou abusiva. Quase sempre é apenas a vida, e às vezes a vida fica complicada.

Quando você estiver pensando em "eliminar toda a negatividade da sua vida", pergunte-se:

- Estou tendo problemas na articulação de meus limites aqui?
- Há alguma coisa nesse assunto ou na pessoa que me ameace?
- Esta questão ou pessoa está despertando um sentimento em mim?
- O que eu acho que vai melhorar em minha vida se eu eliminar essa negatividade?
- Tem alguma coisa que eu possa aprender antes de eliminá-la da minha vida?
- Estou estabelecendo um limite ou fugindo de uma questão importante?
- Por que quero viver sem negatividade?
- Se eu estivesse lidando com uma questão desse tipo, como seria se a pessoa me eliminasse da vida dela?

Isso não significa, no entanto, que temos de aceitar que seremos negativos o tempo todo; significa que podemos trabalhar com o que temos e tentar criar mais flexibilidade mental e emocional. Também podemos nos ajudar em nossa autossegurança. Veja como:

- Preste mais atenção às coisas boas. Sabemos que percebê-las é muito mais difícil do que perceber as ruins. Certifique-se de realmente absorver, pensar em como se sente e até mesmo anotar. Escrever talvez o ajude a incorporar a lembrança e se concentrar nela, e você ainda poderá olhar para trás no futuro.
- Monitore seu diálogo interno. É isso que muitas vezes perpetua nosso pensamento negativo. Dizemos coisas como "Nunca vou conseguir" ou "Todo mundo me odeia". Sempre que tiver pensamentos assim, tente prestar atenção neles e questioná-los.
- Reestruture a situação. Alguns chamam isso de colocar seus pensamentos em julgamento. Finja que você é um advogado e investigue seus pensamentos. Resistiriam a um julgamento acima de qualquer suspeita? Procure a zona cinzenta. Existe outra maneira de entender o que está acontecendo?

Mas eu não suporto gente "negativa"

Eu sei que muita negatividade pode começar a desgastá-lo. É compreensível querer se cercar de coisas felizes, bonitas e positivas. Mas às vezes o mundo é uma bagunça, e há coisas ao nosso redor implorando nossa atenção e exigindo que sintamos algo. Se todos ignorarmos esses chamados, o mundo nunca mudará e nossos relacionamentos mal arranharão a superfície. Isso não significa que precisamos nos rodear de negatividade e reagir prontamente a cada pedido de ajuda. Você tem permissão para estabelecer limites. E eu gostaria de reelaborar como vemos "gente negativa" em nosso mundo.

Não acredito que exista gente negativa. Acredito que existam pessoas que:

- Sentem-se inseguras.
- Estão em luta com graves conflitos emocionais.
- Foram muito magoadas.

- Não aprenderam que também podem experimentar emoções "boas".

Essas pessoas quase sempre têm mais pensamentos negativos e dependem deles para lidar com uma situação. Mas não são "gente negativa" que nunca vai mudar e que precisa ser eliminada de nossa vida. De novo, ser negativo e ser abusivo ou ofensivo são coisas completamente diferentes. Não lidarmos com pessoas negativas ou eliminá-las da nossa vida não equivale a estabelecer um limite com alguém que nos magoou ou ainda continua magoando. Você tem permissão para estabelecer limites com essas pessoas, e é importante que faça isso. Refiro-me aqui à reclassificação de pessoas como negativas quando elas:

- Falam sobre sentimentos desafiadores.
- Conversam sobre desigualdades e problemas reais em nosso mundo.
- Gritam para que as magoemos de alguma forma.
- Desencadeiam sentimentos desafiadores em nós.

Negatividade virou um termo genérico para coisas de que não gostamos ou que não queremos enfrentar. Chamamos alguém de "negativo" como forma de silenciá-lo ou nos isentar de responsabilidade. A negatividade às vezes nos irrita? Uau! Sim. Mas também nos força a reconhecer o que é importante, a reparar nossos relacionamentos e a criar mudanças. Sem isso, estaríamos perdidos. Podemos querer silenciar alguém que está falando sobre uma questão de justiça social relevante para ele, pois isso nos chateia e nos faz não querer abordar nosso próprio privilégio. Podemos querer mudar uma conversa sobre a saúde de nosso amigo, pois isso nos coloca diante de nossa própria mortalidade. Preferimos não ouvir sobre a perda de emprego de nosso amigo, pois isso desperta em nós sentimentos de desamparo e ineficácia. Existem muitas razões pelas quais negatividade e reclamações podem nos incomodar, e a maioria delas tem tudo a ver com você, e nada a ver com a outra pessoa. Afinal, convenhamos, vez ou outra somos todos um pouco negativos.

Se você está tentado a rotular alguém como negativo, as perguntas a seguir talvez o ajudem a decifrar se a pessoa está apenas sendo negativa ou se é outra coisa que exige mais atenção. Questione-se:

- Ela está despertando uma emoção difícil em mim?
- Ela me lembra de outra pessoa que conheço?
- Ela está me forçando a olhar para os problemas dos quais está se queixando ou falando?
- Não gosto do que está destacando em mim?
- Sinto-me desamparado quando ela compartilha seus pensamentos?
- Ela está me prejudicando ou apenas me incomodando? (Existe uma diferença.)
- Esse comportamento é considerado abusivo e preciso estabelecer um limite com essa pessoa?
- Ela está em conflito com alguma coisa que a leva a ter pensamentos mais negativos?

Sentimentos mais complicados são normais, e todos nós os temos. Sabemos que precisamos desses sentimentos e pensamentos para viver. Se você não tivesse ansiedade, provavelmente estaria morto. Se não vivenciasse tristeza, não saberia o que era importante para você. Se não reclamasse, nada seria reparado.

Às vezes, me pergunto: E se as pessoas negativas apenas precisassem de mais empatia e mais compreensão? E se aí estiver o principal elemento para ajudá-las na caminhada para o otimismo? E se toda vez que eliminarmos alguém de nossa vida por ser muito negativo, perdermos a oportunidade de aprender algo sobre nós mesmos?

É bem complicado falar sobre coisas reais. Às vezes soa mesmo negativo. Mas também há muito alívio, progresso e compreensão desenvolvidos nesses momentos. Eu me pergunto o que aconteceria se não tentássemos fugir dessas conversas; se tentássemos nos aprofundar na causa delas. Afinal, temos de reconhecer determinadas questões se quisermos que mudem. Quando damos espaço e validação às pessoas, é muito mais provável que elas se sintam melhor e, por sua vez, fiquem mais positivas. Não devemos recorrer a lugares-comuns da positividade para que um problema desapareça; ainda estará lá. Provavelmente pior. Às vezes, estamos prejudicando os outros e precisamos avaliar nosso comportamento. Negatividade e queixas nos dão acesso a todas essas informações e escancaram as portas para a mudança.

Como lidar com pessoas que reclamam muito

Positividade e felicidade constantes se relacionam quase sempre à capacidade de se desligar e se distanciar de qualquer coisa que as ameace. Se você pode evitar as coisas ruins do mundo desligando a TV, censurando suas conversas, afastando-se de determinadas pessoas e apenas vivendo sua vida, está entre os poucos muito, muito sortudos. Não há problema nenhum em ser grato por isso e estar ciente de que nem sempre é a norma.

Todos nós temos o direito – e é necessário – de nos distanciar das coisas para recarregar e descansar. Não podemos nem devemos estar em contato com notícias ou conteúdo angustiante o dia todo, todos os dias. Como terapeuta, às vezes enfrento dias muito difíceis em razão de todas as histórias que ouço e preciso encontrar espaço para me afastar de tais situações a fim de ser capaz de retomá-las no dia seguinte. Se eu continuasse pensando em tudo, imersa 24 horas por dia, 7 dias por semana nessa dinâmica, viveria esgotada e seria totalmente ineficaz.

Mas e as pessoas que estão vivendo isso? E aqueles que não podem simplesmente se desligar ou olhar para outro lado?

Não cabe a nós carregar esse fardo para elas, mas ter mais empatia e uma compreensão mais profunda do mundo onde vivem, pode impactar a forma como classificamos seu comportamento e mudar a maneira como os vemos. Quando sugerimos que os outros só precisam adotar uma atitude mais positiva ou ter pensamentos mais felizes, vale a pena perguntar:

- De quanto de sua vida a pessoa pode escapar ou se afastar?
- Do que eu consigo me afastar, que pode ser uma realidade cotidiana para outra pessoa?
- Como posso me proteger e ainda ser empático?
- Se eu tivesse de enfrentar esses tipos de problemas diariamente, tal situação afetaria minha forma de pensar?

Lidar com dificuldades e conflitos emocionais não implica necessariamente "ser negativo". Há uma grande diferença entre alguém que manifesta o próprio sofrimento e alguém que reclama da comida em todos os restaurantes. É importante sabermos distinguir ambos.

Você se lembra do Sam, do Capítulo 6? Sam adorava vir à terapia para reclamar. Ele buscava interação e validação e sabia que o espaço terapêutico lhe oferecia ambas as coisas. Quando mudei o roteiro e comecei a oferecer conselhos, afetei totalmente o processamento de Sam, que rejeitava tal caminho e nem mesmo precisava disso naquele período. Reclamar pode se tornar enfadonho quando é repetitivo ou quando não sabemos como reagir à situação. No início do livro, discutimos como as reclamações muitas vezes podem gerar em nós sentimentos de desamparo e forçar o ouvinte a entrar no modo de correção. Se você convive com alguém que parece reclamar com frequência, há muitas maneiras – algumas melhores que outras – de reagir ao ato enquanto está acontecendo. Vou passear entre algumas das piores e das melhores formas de responder a uma reclamação.

Vamos começar respondendo a algumas das questões a seguir, como um ato de autorreflexão:

- Existe um jeito de apoiar essa pessoa?
- Consigo validá-la?
- Compartilho as mesmas inquietações e preocupações?
- Há validade para o que a pessoa está compartilhando comigo? Eu sou aquele que decide ou sabe o que é válido nessa situação?
- Eu me sentiria magoado, confuso (ou outra emoção desafiadora) nesta situação?
- Como eu gostaria que alguém reagisse a mim?
- A pessoa só precisa de tempo para processar ou volta sempre ao mesmo tema?
- A pessoa está realmente reclamando ou está sofrendo, enlutada etc.?
- A questão é sistêmica ou tão comum que muita gente lida com ela?

As respostas a essas perguntas irão norteá-lo sobre como reagir. As opções a seguir constituem as formas mais comuns de as pessoas responderem às reclamações.

Concordância ou discordância

Dependendo da reclamação, você pode reagir concordando ou discordando. Concordar nem sempre é a melhor maneira, e discordar nem sempre significa que você está sendo frio ou indiferente. Também não é necessário que concorde para fazer a validação. Então, se eu estiver reclamando do frio em um ambiente e você está com calor, pode dizer: "Ah, faz sentido que sinta frio. Está de regata!". Veja, você não está necessariamente concordando, mas apenas validando minha experiência e minha verdade. Mas também vale discordar totalmente. Muitas pessoas presumem que, para validar uma reclamação, precisam concordar com ela. Na mesma situação apresentada, você poderia dizer: "Que coisa estranha! Está fazendo 30 graus aqui. Por que você acha que está com frio? Talvez esteja meio gripado?" Quer concordando, quer discordando, você deseja ter certeza de que está validando a realidade do outro, e esse caminho costuma ser eficaz.

Justificativa ou negação

Eis aqui outro jeito de reagir às reclamações: justificativa ou negação, elementos típicos em reclamações relacionais os quais apenas criam mais discórdia. Digamos que você reclame que seu parceiro nunca lava a louça, e ele reaja com uma justificativa como: "Você nunca me pede e eu vivo sempre ocupado!". Ou ele simplesmente negue sua reclamação com: "Não é verdade. Eu faço muito por você". A justificativa e a negação quase nunca dão certo como resposta a uma reclamação porque, colocando o outro na defensiva, normalmente terminam em uma discussão com dois reclamando em vez de ouvir um ao outro. Eu evitaria essa opção tanto quanto você deve evitar.

Solidariedade e resolução de problemas

Solidariedade e resolução de problemas são reações muito comuns quando está imerso em reclamações. Acho que ambas funcionam muito bem. Você consegue dar fim a muitos ciclos de reclamação com uma resposta rápida e empática como "Isso faz sentido" ou "Entendo". Solução de problemas é mais complicado, pois, se o outro não quiser, não vai cair bem. Certifique-se de que a outra pessoa quer de fato receber conselhos ou soluções antes de oferecê-los – confie em mim.

Contrarreclamação às reclamações
Outra maneira de reagirmos diante de reclamações é recorrendo à contrarreclamação, ou seja, uma pessoa reclama e você retruca do mesmo modo. Por exemplo, se eu digo: "Meus pés estão doendo", você responde com: "Nossa! Os meus também. Preciso me livrar desse sapato". Essa estratégia, além de eficaz se bem feita, surte mais efeito para reclamações pouco expressivas, quando você retruca no mesmo nível. Não convém recorrer a ela em situações em que a pessoa está vivenciando emoções perturbadoras ou angustiantes, pois pode resultar em uma imagem de superioridade, ou desencadear elementos comparativos, ou despertar no outro o sentimento de incompreensão. Eu o reservaria para questões menos importantes e evitaria comparar grandes perdas, traumas ou outros tipos de angústia.

Neutralidade ou desconsideração intencional
A última reação é assumir uma postura de neutralidade ou desconsideração intencional, ignorando a reclamação. Beleza! Você não precisa mesmo responder a todas as reclamações. Às vezes as pessoas reclamam no anseio de vivenciar aquela catarse de que falamos. Na verdade, não estão em busca de nada concreto. Quando alguém reclama, não há problema em continuar a conversa, sobretudo se o outro estiver se queixando de coisas bobas, como um congestionamento no trânsito a caminho do restaurante. Eu reagiria dizendo: "Que bom está sendo encontrar você".

E se eu precisar mesmo eliminar
a pessoa de minha vida?

Há situações em que precisamos de fato eliminar alguém de nossa vida, por uma variedade de razões. Por exemplo, talvez a negatividade dela se dirija constantemente a você e sua vida, ou então seja alguém abusivo, ou queira que você falhe, ou nunca lhe dê espaço para manifestar seus sentimentos, não importa o quão compassivo e compreensivo se mostre.

Existem relacionamentos que não são seguros, e você não consegue se comunicar da maneira que tenho apresentado neste capítulo. De novo, você não precisa se associar ou ter empatia com pessoas que vivem magoando-o ou abusam de você. Confie em si para identificar esses relacionamentos e fazer essa distinção quando necessário.

Você também está sempre autorizado a dizer a alguém que não tem espaço ou capacidade para ajudar, vez ou outra, essa é uma resposta compassiva e empática. Afinal, você tem seu próprio ritmo de vida, pode não ter tempo ou recursos, ou simplesmente não ser a melhor pessoa para ajudar. Não há problema em identificar quando o estado de espírito ou a presença de alguém não lhe é benéfico. Limites são seus melhores amigos aqui, e existem inúmeras maneiras de dizer a alguém que você não consegue ajudá-lo naquele momento específico.

Todos somos um pouco negativos

Vamos validar que todos nós reclamamos. Alguns poderiam reclamar menos, e alguns precisam trabalhar para usar mais o músculo da reclamação. No entanto, reclamações não irão desaparecer e nem precisamos eliminá-las permanentemente. O ato de reclamar tem um porquê: ele nos conecta, nos diz o que é importante e nos ajuda a processar nossos sentimentos. Às vezes, só precisamos mesmo reclamar, e está tudo certo.

Portanto, é importante lembrar que:

- É normal existirem coisas que o aborreçam. O mundo pode ser um lugar opressivo e assustador às vezes.
- Falar sobre as coisas que lhe são importantes não é "negatividade".
- Algumas pessoas não poderão apoiá-lo quando você precisar de um ouvido atento. Isso não significa que você está exagerando ou deve parar de compartilhar. Encontre sua turma.

Reflexão

- O que estou procurando em uma pessoa? O que me faz sentir mais apoiado?
- Que tipos de apoio e ajuda consigo oferecer com eficácia?
- Que tipos de apoio ou ajuda tendem a me esgotar mais?
- Sou geralmente aquele que se dá com mais intensidade ou com menos nas minhas relações? O que contribui para essa dinâmica?

A vida nunca lhe dá mais do que você consegue suportar.

A vida pode sim dar a alguns de nós mais do que podemos suportar sozinhos, e tudo certo. Coisas ruins não acontecem com pessoas porque elas são "fortes o suficiente". Você vai descobrir e reconhecer que a vida não é justa. Alguns desafios são imensos demais para uma pessoa. Peça ajuda e lembre-se de que você não precisa ser forte o tempo todo.

CAPÍTULO 8

Discriminar com um sorriso

Positividade tóxica e busca da felicidade têm se configurado uma força motriz na cultura ocidental há séculos. Neste livro, você compreendeu como essas forças se infiltraram na sociedade e continuam a desempenhar um papel importante na religião, na saúde, na ciência e no local de trabalho, o que compromete nosso progresso.

Aviso que este capítulo pode ser difícil de ler ou desconcertante. Compreender a pesquisa, no início, representou um desafio para mim. Sabia que a positividade tóxica atuava com intensidade, mas não entendia de verdade quão poderosa e penetrante era. Talvez seja mesmo complicado compreender como algo tão "bom" assim pode ajudar na preservação de muitas questões difíceis. Espero que este capítulo ilustre a infinidade de maneiras pelas quais a positividade tóxica continua a sustentar sistemas opressivos em nosso mundo.

Este capítulo pode também ser uma etapa difícil para aqueles que sofrem de incapacitações, lidam com uma doença crônica, são negros, vivem em um corpo avantajado, são transgêneros ou *queer*[27], mulheres

---

[27] *Queer*, literalmente estranho, esquisito, era um termo usado como ofensa à comunidade

ou incorporam qualquer outro tipo de identidade marginalizada. Demore o tempo necessário na leitura e sinta-se à vontade para pular qualquer coisa que pareça muito pesada ou não se aplique a você.

Abordarei alguns tópicos realmente pessoais neste capítulo e quero compartilhar minhas próprias identidades para ajudá-lo a entender meu ponto de vista. Sou mulher, norte-americana, branca e heterossexual de trinta e poucos anos. Tenho ascendência hispânica, minha mãe é cubana-americana de primeira geração. Sou casada com um judeu, assim como meu filho é judeu. Sempre tive comida na mesa enquanto crescia e nunca lidei com insegurança financeira ou falta de dinheiro. Minha experiência pessoal com racismo, homofobia, antissemitismo, tamanhismo, capacitismo e elitismo de classe basicamente inexiste devido ao meu fenótipo, e tenho plena consciência desse privilégio. Como mulher, é claro que vivenciei o sexismo em suas muitas formas, e sou esposa, filha e amiga de pessoas que vivenciaram muitas formas de preconceito.

Sei que minhas experiências afetarão a maneira como discuto essas questões. Por isso, confiei nas perspectivas de muitos pesquisadores que se especializam em algumas dessas áreas de estudo, ou incorporam uma ou mais dessas identidades, integrando-as aqui. Tive o privilégio de trabalhar com uma ampla variedade de pessoas clinicando em uma cidade diversificada como Miami e usei minha experiência para fundamentar este capítulo. Não sou educadora antirracismo. Nunca saberei como é andar pelo mundo carregando alguns desses corpos ou identidades. Mesmo assim, estou intimamente familiarizada com as maneiras como a positividade tóxica nos mantém estagnados e sofrendo. Minha experiência e pesquisa me ensinaram muitas vezes que:

- Em vez de trabalharmos para uma saúde mais acessível, somos incentivados a usar nossa mentalidade para curar doenças.

LGBTQIA+. A partir do final dos anos 1980, ativistas *queer* começaram a reconquistar a palavra como uma forma de designar todos que não se encaixam na heterocisnormatividade, que é a imposição compulsória da heterossexualidade e da cisgeneridade (condição da pessoa cuja identidade de gênero corresponde ao gênero que lhe foi atribuído no nascimento). (N.T.)

- Em vez de acessibilidade aprimorada para incapacitações, estamos comemorando e incentivando a "pornografia de inspiração".
- Em vez de batalharmos por mais igualdade de gênero, estamos focados em difundir o ideal da "dona de casa feliz" e da mulher que "tem tudo", enquanto demonizamos a "feminista raivosa".
- Em vez de focarmos na igualdade racial, estamos promovendo a narrativa de "Vamos todos nos amar" e continuamos a perguntar: "Por que não podemos todos nos dar bem?", sem agir para uma mudança real ou esforços nesse sentido.
- Em vez de abrirmos espaço para diferentes tipos corporais e eliminar a cultura da dieta, dizemos que estamos promovendo a positividade do corpo e o amor por ele enquanto nos recusamos a mudar quaisquer sistemas que mantêm esses ideais.
- Em vez de aceitarmos as muitas identidades e relacionamentos dos quais os humanos participam, damos às pessoas marginalizadas apenas um "Seja feliz" e nos chateamos quando não são gratas.
- Em vez de criarmos mais equidade financeira em nosso mundo, incentivamos os livros que falam sobre enriquecimento rápido, idealizamos o excesso de trabalho, estimulamos a "manifestação financeira" e insinuamos que trabalhar pesado sempre levará ao sucesso.

Vamos nos aprofundar e ver como a positividade tóxica mantém esses sistemas, e como chegamos aqui.

O *gaslighting* definitivo

Em sua essência, positividade tóxica é uma forma de *gaslighting*, pois transmite às pessoas a mensagem de o que sentem não é real, não passa de invenção, e que são as únicas que se sentem assim. Vemos esse *gaslighting* em muitos textos de pensamento positivo.

Luís admirava muito a Lei da Atração quando o conheci. É irônico que tenha me escolhido como terapeuta, dada a minha denúncia pública dessa "lei" em todas as minhas redes sociais. Nossas primeiras sessões focaram na manifestação e no controle de pensamentos. Como ser humano, eu me contorcia por dentro, mas decidi seguir com cuidado e ouvir como essas ferramentas o beneficiavam e o papel que desempenhavam em sua vida. Sendo bem sincera, não importa se aprovo ou não o jeito como um paciente lida com seus problemas. Se está funcionando para ele e não prejudica ninguém, então é eficaz e vou colaborar para que alcance seus objetivos. Não preciso gostar.

Achei ainda mais interessante que Luís continuou voltando à terapia semana após semana, apesar de imerso na Lei da Atração, dedicado às crenças que ela propõe e confiante de que isso funcionaria. E lá continuou ele sentado com uma terapeuta que claramente não acreditava em tudo aquilo. Imaginei que havia algo mais acontecendo e decidi esperar até que ele estivesse pronto para falar.

Depois de algumas semanas, Luís começou a compartilhar um trauma de infância. Como nunca mencionara nada do tipo nas sessões iniciais, fiquei com a impressão de que queria melhorar sua motivação e se tornar mais produtivo. Luís parecia um sujeito calmo, legal e controlado, na faixa dos trinta anos, que simplesmente queria dormir melhor e "viver melhor sua vida". Mas eu pensava que estávamos desbastando essa fachada e, com um pouco mais de esforço e um ritmo deliberadamente lento, chegaríamos a algo.

Começamos a conversar sobre seu relacionamento com a avó que o criara. Quando tinha dez anos, Luís perdeu a mãe e jamais conheceu o pai. Em nossa primeira sessão, relatou que, apesar disso, teve uma "infância boa e normal". Consegue ver o padrão de negação aqui?

No decorrer de várias sessões, ele começou a compartilhar histórias de abuso, negligência e insegurança alimentar na infância, situações que provocaram nele um desejo insaciável de nunca mais se sentir como naquela época. Sempre teria dinheiro no banco, comida na mesa e uma casa cheia de positividade e paz – fosse como fosse. E assim Luís e a Lei da Atração se conheceram. Ele andava à procura de controle e de uma maneira infalível de se certificar de que nunca mais vivenciaria aquelas emoções. Os princípios o presentearam com essa promessa em uma bandeja de prata.

"A lei mais poderosa do universo" poderia lhe dar dinheiro, pensamentos positivos e felicidade plena se conseguisse focar apenas no bem em sua vida e esquecer todo o restante. Então, ele usou a implacável ética de trabalho e fez tudo "certo". Leu os livros, ponderou sobre os pensamentos e se distanciou de tudo que pudesse prejudicar a promessa de abundância – incluindo seu próprio passado. Mas havia um problema: Luís não conseguia cair fora de tudo. Ainda carregava o trauma de infância, e a evitação apenas intensificava esse aspecto em sua vida adulta. Resultado: ele dormia menos, isolava-se e tinha problemas com intensos flashbacks e lembranças. Começava a se culpar por tudo o que lhe aconteceu e a se sentir um total fracasso. Estava no fundo do poço e não tinha ideia de como sair.

A positividade tóxica presente em tantas manifestações e textos da Lei da Atração não é nova e é uma forma clássica de *gaslighting,* dizendo às pessoas que não há vítimas, apenas cocriadores, ainda insistindo na ideia de que o preconceito é mera invenção, os pensamentos podem literalmente deixar alguém doente e todos recebem exatamente o que merecem. Sei que Luís não é o primeiro, nem será o último, que sentará no meu sofá vivendo intensos conflitos com essas ideias. Estamos todos em busca da felicidade e do controle sobre nossas vidas, e essas ideias são sedutoras e aliciantes – até não serem.

Saúde e felicidade

Há muito tempo associa-se saúde à felicidade. Encara-se incapacitação ou doença como um fardo, e é raro vermos pessoas desse grupo representadas como normais na mídia. Na verdade, recebemos quase sempre imagens que tendem à "pornografia de inspiração" ou ouvimos histórias sobre aquele que, apesar de tudo, achou um jeito de vencer as adversidades, alcançou tudo e encontrou a felicidade dentro da literalidade da definição. Exigimos positividade dos portadores de deficiências e doentes, ou assumimos que estão trazendo a dor para si mesmos e querem ser vítimas.

Pessoas desse grupo há muito estão na mira de políticas de felicidade. Pesquisadores eugênicos prometiam felicidade individual e coletiva por meio de métodos próprios e acreditavam que outros estados emocionais – com exceção da positividade – impactavam negativamente a evolução. Ignoraram questões socioeconômicas e políticas em favor de uma visão simplista de doença e de felicidade. Caso não se concordasse com a filosofia ou com os métodos usados por eles, seria taxado de "não científico" e, em última análise, ignorado ou deixado de lado. O movimento de eugenia apareceu nos Estados Unidos no início de 1900, uma época extremamente sombria para pessoas com doenças ou incapacitações físicas e mentais, que eram culpadas pela infelicidade de toda a sociedade.

Durante o auge do movimento eugênico, negava-se tratamento médico para aqueles que sofriam de doenças graves, com o objetivo de "testar sua resiliência". Era comum recorrer a "estudos científicos" como evidência de que ajudar pessoas com incapacitações acabaria prejudicando toda a população e levaria a mais doenças e condições sociais indesejadas. Considerava-se gente incapacitada "fraca de espírito", com estados emocionais impróprios, falta de controle emocional e "alta irritabilidade, acessos de raiva incontroláveis, fraqueza de vontade, incapacidade de manter uma ideia social em mente de forma contínua, falta de ambição de viver em casas de qualidade... e falta de estímulo mental". Assim, defendiam a tese de que, como tais indivíduos comprometeriam a felicidade da maioria da população, o ideal seria livrar-se deles e fingir que nunca existiram – tudo em nome da busca da felicidade.

Alguns psicólogos da época acreditavam que, eliminando-se a "fraqueza de espírito", não só o nível de felicidade aumentaria, como também todas as comunidades conquistariam a realização. "Debilidade mental"[28] era apenas outro nome para qualquer doente mental ou físico que não atendesse à definição corrente de um feliz, produtivo e contributivo membro da sociedade da época. Isso significava encarcerar, esterilizar ou matar qualquer um que ameaçasse a felicidade social. Viam-se doentes

---

28 A expressão "debilidade mental", que está associada especialmente às práticas eugênicas do final do século XIX e início do século XX, não é mais usada em contextos médicos, educacionais e regulatórios e é considerada ofensiva. (N.T.)

mentais e físicos como uma das maiores ameaças à felicidade, e muitos acreditavam que algo precisava ser feito.

Ainda hoje a relação entre saúde e felicidade continua problemática. Livros que promovem a Lei da Atração muitas vezes propõem que pensar ou se preocupar com a doença, na verdade desencadeará mais doenças. Costumam perguntar: "Já reparou que aqueles que mais falam de doença adoecem cada vez mais?". E, em resposta a essa pergunta, não, realmente não reparei. Passei minha carreira profissional trabalhando com pessoas que vivem com doenças crônicas e incapacitações, e muitos dos meus familiares lidam com esses problemas. Ainda não encontrei uma correlação entre falar sobre doença e a ocorrência dela. Também não consigo encontrar dados confiáveis para respaldar essa afirmação.

Em geral, doença e incapacitação resultam de uma interação complicada entre uma ampla gama de fatores. Aqui estão alguns dos mais comuns que afetam nossa saúde geral:

- Condição socioeconômica.
- Disponibilidade de assistência médica.
- Toxinas ambientais.
- Apoio social e relacionamentos significativos.
- Estresse no trabalho ou desemprego.
- Discriminação.
- Crenças religiosas.
- Gênero.
- Influências sociais.
- Tabagismo.
- Acesso a alimentos e a qualidade deles.
- Consumo de álcool e drogas.
- Segurança sexual e educação sobre sexo seguro.
- Práticas de prevenção de doenças.
- Estresse e competências de enfrentamento disponíveis.
- Desenvolvimento na primeira infância e exposição a eventos estressantes na infância.
- Funcionamento do sistema imunológico.

- Neurotransmissores, neuromoduladores e hormônios.
- Predisposição genética.

Muitos desses fatores são ignorados ou simplesmente deixados de fora da conversa. É muito mais fácil fingir que temos controle total sobre nossa saúde, e é assim que a positividade tóxica continua a apoiar crenças nocivas sobre saúde, incapacitação e doença. Em vez de analisar por que as pessoas adoecem e continuam doentes, ou tentar criar um mundo melhor para indivíduos com incapacitação e doenças crônicas, acabamos focando em pensamentos e positividade como o principal caminho para a cura. Temos pouca tolerância com a "negatividade" que vivenciamos ao reconhecer e aceitar o corpo acometido por incapacitações como humano, multifacetado e digno de respeito.

Em *The Promise of Happiness*[29], a autora Sara Ahmed descreve com eloquência como certos corpos se tornam objetos que ameaçam ou desafiam nossa felicidade. As coisas se tornam felizes ou infelizes dependendo do significado que damos a elas. Ao longo da história, rotulou-se como infeliz o corpo frágil, limitado por incapacitações ou doente. Um corpo que não se enquadra na narrativa tradicional de saúde nos obriga a enfrentar nossa própria mortalidade e saúde, fazendo-nos reconhecer que a saúde não é garantida a ninguém, e que não temos controle total sobre nossos resultados de saúde. Quando esse corpo imperfeito experimenta e exibe outras emoções além de positividade ou felicidade, talvez desejemos nos distanciar ainda mais dele.

Pense por algum tempo em como reagimos a pessoas desse grupo. Muitas vezes esperamos que se acostumem e se juntem ao mundo saudável, ou que saiam do caminho. Desejamos às pessoas doentes que "melhorem logo" e tendemos a celebrar aquelas com incapacitações, apenas quando encontraram uma maneira de superar todos os obstáculos, inspirando felicidade e positividade por meio de suas realizações e resiliência. Com frequência, só toleramos incapacitação e doença quando se associam à nossa versão do que significa ser saudável e feliz. Fica quase

---

29 "A promessa da felicidade", em tradução livre. (N.T.)

impossível separar saúde e felicidade, assim, se alguém não é saudável, pelo menos que seja feliz, uma postura cruel e completamente inatingível para muitos.

Saúde e felicidade não são um pacote.

Eliminarmos a positividade tóxica de conversas sobre saúde, doença e incapacitação exige que enfrentemos realidades difíceis. Todos podemos ficar temporária ou permanentemente doentes em algum momento da vida. Saúde e felicidade não são um pacote, e alguém pode viver uma vida plena e significativa sem atender a todas as características predeterminadas de "saúde".

E se permitíssemos que o corpo incapacitado existisse como é, com todas as suas emoções, falhas e multiplicidade de facetas? E se permitíssemos que as pessoas manifestassem e compartilhassem seus sentimentos, independentemente de seu estado de saúde? Talvez a verdadeira saúde e bem-estar signifique focar menos em ajudar os outros a se sentirem felizes apesar de suas dificuldades, e mais em como nosso mundo pode acomodar e acolher pessoas com incapacitações e diagnósticos diferentes. Sei que é uma tarefa difícil, mas e se nosso bem-estar coletivo depender disso?

Os ingratos

A busca da felicidade também está intimamente ligada ao racismo e aos sentimentos xenófobos. As vivências da *angry black woman*[30], dos *melancholy migrants*[31] e da *model minority*[32] persistiram ao longo do tempo. Mais uma vez, a ciência foi usada para impor essa agenda em nome da busca da felicidade.

---

30 Em tradução livre, "mulheres negras raivosas". O estereótipo da mulher negra raivosa é um tropo racial na sociedade norte-americana que retrata as mulheres negras como mal-educadas e mal-humoradas por natureza. (N.T.)

31 Em tradução livre, "migrantes melancólicos". O migrante melancólico se refere basicamente à promessa de cidadania como garantia de felicidade, desde que o destinatário se mostre merecedor disso. (N.T.)

32 Em tradução livre, "minoria modelo". Expressão ainda pouco usada no Brasil; refere-se a uma minoria demográfica (seja com base na etnia, na raça ou na religião) cujos membros são percebidos como tendo um grau de sucesso socioeconômico mais alto do que a média da população, servindo assim como um grupo de referência para outros grupos sociais. (N.T.)

No início dos anos 1900, encarava-se o autocontrole emocional como a mais significativa virtude, e os cientistas propunham que certas raças tinham mais controle emocional do que outras. Quanto mais um grupo conseguia controlar as próprias reações emocionais, mais civilizado era. Cientistas e líderes procuraram criar "utopias evolucionárias marcadas por sociedades controladas felizes, cheias de gente feliz e eficiente", o que implicava eliminar quaisquer grupos que expressassem muita negatividade e comprometessem a busca da felicidade.

A imagem do "migrante melancólico" tornou-se muito popular nessa época. Se alguém parecia deprimido, isso era visto como um sinal de falta de inteligência. Imigrantes nos períodos anterior e posterior à Segunda Guerra Mundial nos Estados Unidos, sobretudo judeus, foram de fato estimulados a manter silêncio sobre traumas e angústias relacionados à guerra. Se não se manifestassem de modo positivo, seriam considerados inaptos e desprovidos de regulação emocional, o que representava uma ameaça ao lugar que ocupavam na sociedade. O estudo da imigração também enfatizou o ajuste positivo e a produtividade, ignorando circunstâncias e influências, por exemplo, traumas, que muitas vezes levaram os imigrantes a ter dificuldades com a regulação emocional ou com a rápida assimilação de uma nova cultura. Mantinham-se os imigrantes sob um padrão extremamente alto, e eles corriam o risco de expulsão do grupo maior se não se ajustassem ou fizessem alguma coisa que ameaçasse a felicidade geral.

A positividade tóxica também foi usada para silenciar e descartar cidadãos indígenas e negros. Alguns estudos científicos defendiam que os negros tinham cérebros menores, razão pela qual tendiam à desregulação emocional e eram, em última análise, uma ameaça à felicidade. Objetivava-se impedir que "indivíduos racialmente aptos desenvolvessem estados emocionais e comportamentos racialmente tóxicos, que poderiam comprometer a reserva hereditária de futuras sociedades felizes e saudáveis". Isso significava discriminar grupos raciais na tentativa de "proteger" os brancos da natureza tóxica de outros grupos.

Felicidade e positividade ainda são usadas como armas nas comunidades negras e entre os imigrantes. Recorre-se a frases como "Não podemos todos simplesmente amar uns aos outros?" e "Pertencemos todos à mesma espécie humana", em geral, para silenciar e interromper conversas sobre racismo, em favor de mais "felicidade" e coesão social. Mas aí está o problema: priorizamos a felicidade e o conforto de um grupo enquanto ignoramos e silenciamos o outro. Estamos efetivamente dizendo: "Desculpe se está chateado, mas sua negatividade e reação ao racismo me incomodam; dá para parar?".

De acordo com a cultura da positividade, espera-se que imigrantes e negros sejam gratos pelo que têm e adotem a busca da felicidade proposta pelos *Founding Fathers*[33]. Se não estiverem satisfeitos, podem "voltar para o lugar de onde vieram". Ao mesmo tempo, usamos estereótipos positivos para ressaltar os tipos de pessoas que "deram certo" dentro desse sistema. Dizemos coisas como "Ela é uma mulher negra forte" sem questionar por que negras precisam ser tão fortes e por que esperamos que o sejam. Celebramos o imigrante feliz e contributivo porque conquistou, contra todas as probabilidades, a definição restrita do sonho americano. No entanto, mesmo que esses estereótipos sejam positivos, e muitas vezes feitos como elogios, tornam-se um tanto restritivos para qualquer pessoa dentro do grupo que não consiga viver de acordo com eles.

Hoje, racismo e outras formas de opressão se reduziram a um conjunto de escolhas individuais. Se alguém não consegue realizar alguma coisa, é porque não está se esforçando, é negativo, raivoso, irritante. Não é profissional, reclama demais, não é grato e não consegue se dar bem com os outros. Apontar falhas no sistema é muitas vezes visto como dissidência. Recompensamos uma atitude positiva e a capacidade de não contrariar ou comprometer a norma. Positividade equivale a como preservamos os sistemas e "mantemos a paz", mas o alicerce está começando a rachar, e algumas pessoas não mais se dispõem a tolerar tal situação.

Sentir raiva e expressar insatisfação é, muitas vezes, uma das maneiras mais eficazes de gerar mudanças sociais. Os lugares-comuns positivos e a busca da felicidade são usados como ferramentas para manter as pessoas

---

33 Em tradução livre, "Pais fundadores". Referência aos líderes políticos que assinaram a Declaração de Independência dos Estados Unidos ou participaram da Revolução Americana como líderes dos Patriotas, ou que participaram da redação da Constituição dos Estados Unidos onze anos mais tarde. (N.T.)

submissas e caladas. Acredita-se que, se alguém fizer muito barulho, estará ameaçando minha felicidade, e tenho o direito de buscá-la. Qualquer coisa que ameace essa busca implica negatividade, inconveniência, e por isso deve ser desencorajada.

A dona de casa feliz e a feminista raivosa

Mulheres há muito caíram na armadilha da positividade tóxica.

O papel de "dona de casa feliz" resume a definição moderna do que significa ser mulher e a intensa expectativa de ser sempre positiva, mesmo sob circunstâncias extremas. Em última análise, a dona de casa feliz é mera fantasia. Ela é a mulher radiante e bem cuidada lavando pratos e sorrindo enquanto coloca o jantar na mesa todas as noites. Os deveres domésticos a realizam e inspiram, e procura melhorar a felicidade da família inteira. Quando se popularizou essa imagem nas décadas de 1950 e 1960, muitas mulheres já estavam no mercado de trabalho. Somente a grande maioria de mulheres brancas e com tempo e dinheiro para ficar em casa, podia acessar essa fantasia. Betty Friedan criticava essa imagem e propunha que as mulheres se libertassem do lar. Mas, de acordo com a escritora feminista bell hooks, ela não abordou quem acabaria assumindo os deveres da mulher quando ela saísse de casa para encontrar a felicidade. Em última análise, seriam as negras que entrariam nas casas para aliviar o fardo das brancas. Isso significou que apenas algumas mulheres se libertaram do peso da fantasia da dona de casa feliz, enquanto outras foram relegadas a tentativas e fracassos contínuos em perseguir a felicidade.

O problema continuou quando mulheres brancas receberam a promessa de felicidade fora de casa, mas não a conseguiram encontrar, pois seu trabalho não era encarado em termos de igualdade ao dos homens, tanto em remuneração quanto em responsabilidade. O assédio sexual era comum, e as mulheres ainda viviam sobrecarregadas com a administração familiar. E a felicidade continuou a ser usada como ferramenta de manutenção dos papéis tradicionais de gênero na sociedade.

Famílias felizes moravam em casas limpas e bonitas, viviam casamentos heterossexuais, tinham filhos bem-comportados e todos conviviam com a figura patriarcal detentora de um emprego remunerado em uma profissão respeitável. Supunha-se que, se alguém tivesse essas coisas, e seguisse o padrão, seria feliz – e se não o fosse, havia algo errado com a pessoa.

Qualquer um que optasse por sair desse sistema era visto como negativo e um "desmancha-prazeres". Sara Ahmed discute a imagem das desmancha-prazeres feministas em sua obra *The Promise of Happiness*. Segundo Ahmed, a feminista é considerada negativa quando rompe a fantasia de felicidade prometida por meio de papéis típicos de gênero e da família ideal. Com frequência descrevem a desmancha-prazeres como mal-amada ou incapaz de "se encaixar" em meio a outras mulheres. A verdade é que a feminista está apenas prestando atenção – e, quando se presta atenção, percebe-se a existência de muita coisa que gera insatisfação.

Hoje, a imagem da dona de casa feliz se firma de várias maneiras diferentes. Nas redes sociais, é provável já tenhamos nos familiarizado com "mamães blogueiras". Existem milhares de contas dedicadas a criar e aperfeiçoar a imagem da mãe e dona de casa perfeitas, com um casamento feliz, filhos bem-vestidos e comportados, e uma casa digna de Insta. Uma atitude positiva permite que elas floresçam; a satisfação emerge, mas há uma linha tênue entre fantasia e realidade. Achamos que podemos alcançá-la porque não vislumbramos a história por trás da imagem. O clima de satisfação nos aproxima tanto da pessoa que não questionamos nada.

Há também a nova imagem da mulher que "tem tudo": profissional bem-sucedida, mãe maravilhosa e esposa dedicada. É importante que ela continue a manter as expectativas de gênero para o lar, a criação dos filhos e o casamento, ou, com certeza, será criticada. O foco está em fazer tudo parecer fácil e factível. Novamente, as linhas entre fantasia e realidade são indistintas, e é possível acreditar que, com a atitude certa e trabalho duro, também conseguiremos a mesma coisa.

Eu caí na armadilha desses dois ideais. A positividade tóxica entre mulheres corre solta, e reclamar sobre maternidade, casamento ou profissão é muitas vezes recebido com uma atitude de falta de solidariedade, e considerado negativo ou ingrato. Aprendi que não há um lugar feliz aonde todos chegaremos se fizermos tudo "certo", pois não conseguimos fazer tudo certo o tempo todo. Não há problema em pedir ajuda. Nem em reclamar e agradecer. Não há problema em desafiar tudo o que aprendeu sobre ser mulher e criar uma definição totalmente nova para si mesma. Apesar do que lhe foi dito, a felicidade não está em papéis ou normas estritas de gênero.

Seja como eu e você também será feliz

Não consigo me lembrar de um único dia da minha vida em que não tive nenhum pensamento negativo sobre meu corpo. É uma ocorrência comum e demorei muitos anos para perceber quando estava me engajando em checagem corporal ou me criticando fisicamente. Honestamente, pensava que isso fazia parte de ser mulher. Minha mãe agiu assim; todas as minhas amigas também. Era o que nos unia e um importante assunto nas conversas.

A cultura da dieta e a aceitação do corpo bateram à minha porta por meio das redes sociais. Lentamente, optei por não seguir apenas influenciadoras tamanho zero bebendo suco verde, então procurei vozes mais diversas e antidieta. Reconhecer a cultura da dieta que me cerca tem sido chocante, revelador, libertador e aterrador, tudo ao mesmo tempo, além de evidenciar a frequência com que associamos magreza a saúde e felicidade. Saúde não pode ser separada da busca pela magreza ou da positividade tóxica; ambas estão inevitavelmente ligadas e ajudam a apoiar uma à outra.

A indústria da cultura dietética é um mamute bilionário que vende a promessa de felicidade, saúde e magreza. Em última análise, lucra com nossas inseguranças ao mesmo tempo em que promete nos libertar delas. Dizem continuamente que, se superarmos mais uma insegurança ou perdermos mais um quilo, finalmente seremos felizes. Muitos dos recursos publicitários usados para vender esses produtos são opressivamente positivos: pessoas sorridentes e animadas passeiam por praias e riem entre amigos. Mas nos vendem uma fantasia inatingível, porque a felicidade não existe dentro de outro corpo. Se você já olhou para uma foto sua e pensou: "Uau, estava ótima naquela época!", e aí se lembrou de como sofreu durante aquele período, sabe exatamente o que quero dizer. Entramos em um ciclo sem fim. Sonya Renee Taylor, autora de *The Body Is Not an Apology*[34], fez uma pergunta importante em uma de suas palestras, ao vivo, para nos ajudar a lidar com esse tipo de marketing predatório de felicidade e magreza: "Quem está lucrando com minha insegurança?". Adoro essa pergunta e a tenho usado com frequência em minha própria batalha com a cultura da dieta e em meu trabalho com pacientes em terapia. Quando a fazemos, podemos nos afastar da promessa de felicidade, saúde e magreza, e olhar para nossas inseguranças usadas como armas para vender um produto que nos promete algo que nunca entregará.

A positividade tóxica ajudou a manter a cultura da dieta, mas ela também aparece no campo da positividade corporal. Quando encontrei pela primeira vez tal ideia, fiquei intrigada. Achei que era muito melhor do que a crítica constante a nossos corpos, e certamente melhor do que a cultura da dieta, mas a coisa foi longe demais. De repente, esperava-se que amássemos nosso corpo, o elogiássemos e falássemos gentilmente com e sobre eles. Depois de uma vida inteira de cultura de dieta, a positividade corporal parecia muito distante para mim e para meus pacientes, embora, como a positividade tóxica, se faça presente de uma maneira bem complicada. Ou seja, tentarmos nos sentir muito positivos sobre nossos corpos, de forma muito rápida, pode desencadear mais mal do que bem. Por isso me afastei da positividade corporal e aceitei a neutralidade e a aceitação do corpo.

O termo *neutralidade corporal* começou a ganhar força on-line em 2015, popularizando-se quando Anne Poirier começou a usá-lo em retiros de bem-estar em 2016. Neutralidade corporal significa vermos o corpo como ele é e reconhecer como isso nos ajuda nas andanças pela vida. Todos os corpos têm valor, apesar de incapacitações ou limitações. Em vez de focarmos apenas em amar nosso corpo, a neutralidade nos estimula a deixar de lado as fortes reações emocionais ou julgamentos em relação a ele, o que promove o bem-estar e ajuda em situações de

---

[34] "O corpo não é um pedido de desculpas", em tradução livre. (N.T.)

ansiedade e depressão. Adotar essa mentalidade significa que, mesmo com pensamentos negativos sobre nosso corpo e deslizes para os velhos padrões, também somos capazes de entender que isso acontece em um mundo que prioriza a magreza em nome da saúde e da felicidade, não sendo um sinal que há algo de errado conosco.

Eles são felizes com muito pouco

Tratamos a felicidade como um objetivo mensurável, apesar de muitos de nós termos definições divergentes do que de fato significa ser feliz. No final das contas, as pessoas com mais poder e recursos são as que decidem o que é felicidade, como a alcançar e quem tem permissão para fazê-lo. Isso desencadeou a crença de que as nações mais felizes são as mais ricas e industrializadas, ainda que essa realidade seja totalmente contradita em muitos estudos.

Também defendemos que riqueza é igual a felicidade e que, quanto mais alguém é capaz de acumular bens materiais, maior a probabilidade de ser feliz. Dizem que existem muitas coisas que nos levam à felicidade – um carro novo, uma casa nova, sapatos novos, mas tudo custa dinheiro, e a crença de que nos aliviam da dor existencial está profundamente arraigada em nossa psique. O mercado publicitário alimenta o desejo de uma vida plena e feliz, ao promover produtos que supostamente satisfarão essa necessidade. Mas, e quando isso não acontece? Seguimos em busca de mais. Talvez não tenhamos comprado o carro certo, ou precisemos de uma casa maior, ou os sapatos saíram de moda. Não importa qual seja o objeto, a felicidade é efêmera ou nunca chega.

A relação entre riqueza e felicidade é complicada, e muitos pesquisadores tentaram explicar por que algumas pessoas são felizes com tão pouco e outras são infelizes com muito. Em uma pesquisa recente, associou-se uma renda mais alta a menos tristeza diária, mas não a mais felicidade diária. Dinheiro não torna alguém necessariamente mais feliz, embora possa levar a mais controle sobre a vida e, no fim das contas, a menos tristeza.

Está claro que a positividade tóxica desempenha seu papel na manutenção das estruturas classistas atuais, igualando riqueza com felicidade e colocando imensa pressão pessoal sobre os pobres para superar seus desafios na busca da felicidade. Muitas vezes ouvimos "Veja só, eles são tão felizes com tão pouco" como uma forma de explicar a felicidade entre grupos de pessoas que não têm acesso a algumas das oportunidades ou dos recursos do mundo ocidental. Há uma pressão imensa para a conquista de riqueza e felicidade por meios convencionais, ou para que aceitemos que não conseguimos e sejamos felizes assim mesmo. A gratidão forçada aparece com frequência, e espera-se que as pessoas com um mínimo dos mínimos sejam sempre positivas e gratas por ainda terem alguma coisa.

Em geral, se alguém é incapaz de conquistar riqueza e felicidade, logo culpamos a atitude da pessoa: ela não está se esforçando o bastante, não pensa positivamente, precisa manifestar riqueza, está vivendo em uma mentalidade de "vítima". Quase nunca olhamos para os sistemas que as mantêm estagnadas e preferimos recorrer a razões individualistas arraigadas na positividade tóxica. A maneira de combater essa positividade tóxica nas conversas sobre riqueza é eliminar o dinheiro da equação. Sabemos que o acesso a determinados recursos, por exemplo, um lugar seguro para viver, relacionamentos de qualidade, alimentação e nutrição adequadas e cuidados com a saúde, é o alicerce do bem-estar. Sem isso, as pessoas continuarão a lutar em busca da felicidade e da realização. Se desviarmos a conversa do assunto riqueza e felicidade, e focarmos em como podemos tornar as coisas mais justas em um nível básico, seremos capazes de conquistar nosso próprio tipo de felicidade.

Desde que você seja feliz

Também vemos a positividade tóxica aparecer na comunidade LGBTQIA+. Inicialmente, encaravam-se essas identidades como pecaminosas, ocultando-as da sociedade dominante. Líderes e pesquisadores utilizavam com essa população a mesma abordagem usada com imigrantes, incapacitados e comunidades negras – retirá-los do convívio social para que não ameacem nossa felicidade.

À medida que as conversas sobre *queer* perpassaram o *mainstream* por meio da literatura, os livros sobre gays só apresentaram finais infelizes. Uma pessoa *queer* poderia viver sua identidade, mas de jeito nenhum seria feliz. Na tentativa de facilitarmos as coisas, encorajamos as pessoas a serem quem são, ao mesmo tempo que nos alinhamos o máximo possível com nossos caminhos predeterminados para a felicidade. Sara Ahmed os chama de "roteiros para a felicidade", ou seja, manuais de como ser feliz, os quais dizem o que fazer e como viver. Se você os seguir corretamente, será feliz.

Na tentativa de tornarmos as coisas menos complicadas para as pessoas LGBTQIA+, nós as encorajamos a "serem quem são", mas também a se alinharem o máximo possível com os roteiros heteronormativos de felicidade. Isso significa que alguém pode ser o que quiser, mas, se realmente quer ser feliz, ainda precisa se casar, ter filhos e conseguir um emprego. Podemos hoje ter incorporado mais identidades e tipos de relacionamentos, porém a pressão para sermos felizes e positivos sobre nossas escolhas nunca foi tão intensa. Tem gente que diz: "Eu não me importo com quem você ama. Só quero que seja feliz", em um tipo de exigência de que essa "escolha" de viver melhor de forma diferente leva à felicidade e, se isso não acontecer, bem, então alguma coisa está errada. Temos grandes expectativas, embora convivamos com taxas alarmantes de casais heterossexuais divorciando-se e relatando que se sentem infelizes no casamento. Se você é transgênero ou *queer* e vive um relacionamento infeliz, o raciocínio "normal" é que se enganou. Afinal, talvez não seja essa a pessoa certa? Talvez a infelicidade signifique que estava apenas confuso. Há uma gigantesca pressão para encontrar a felicidade concluídas essas decisões.

Essa pressão também se estende à identidade em geral. Espera-se que, quando alguém da comunidade LGBTQIA+ comunica ou assume sua identidade e a compartilha com o mundo, aí esteja a resposta para todos os seus problemas. De repente, ficarão felizes, orgulhosos e desaparecerão todos os conflitos com a saúde mental. E, para alguns, talvez a chave para o problema esteja aí mesmo, ajudando-os no alívio da angústia, mas para muitos é apenas uma peça do quebra-cabeça. Se você continuar sofrendo, novamente sua decisão será questionada. Talvez tenha se enganado. Talvez seja heterossexual e não trans. Tem certeza de que era isso que queria? Positividade, felicidade e compromisso inabalável com sua decisão são os únicos resultados aceitáveis.

Se quisermos eliminar a positividade tóxica de nossas conversas sobre identidade LGBTQIA+, precisamos ver as pessoas como seres humanos, com uma infinidade de emoções que vão além de sua identidade, status de relacionamento, ou de como se referem a si mesmas. Esperar positividade e felicidade contínuas de alguém simplesmente por ter sido capaz de se expressar não tem benefício nenhum. Em vez de igualarmos identidade ou autoexpressão com felicidade e positividade, devemos olhá-los como uma partezinha em constante evolução de como alguém se sente e quem é de verdade.

Seja o que for que decida fazer na vida, tenha certeza de que isso vai fazer você feliz.

Viva uma vida que o desafie e o satisfaça, com significado e momentos de alegria. Seja receptivo a todas as emoções e experiências. Descubra o que valoriza e siga até o fim, sabendo que às vezes na vida vão ocorrer situações de sofrimento e que é isso que faz viver valer a pena.

CAPÍTULO 9

Como encontrar realização em um mundo tão complicado

Sim, a vida é mesmo dura, mas não precisamos lutar o tempo todo. Podemos abrir espaço para felicidade e sofrimento sem eliminar o agradável, o desagradável e o neutro.

No decorrer deste livro, você aprendeu como incorporar a quantidade certa de reclamação e gratidão, negatividade e positividade, empatia e limites para uma vida mais plena. Sabemos que sorrir e adotar uma atitude positiva não vai resolver os problemas que afloram em nossa vida. Temos de encontrar um jeito de abrir espaço para o bem e o mal, enquanto vivemos uma vida alinhada com nossos valores, objetivos e talentos únicos.

Exclua a busca pela felicidade

Vamos deixar de priorizar a busca constante pela felicidade. Eu sei, soa contraintuitivo. Como vou ser feliz se não estiver buscando a felicidade?

Comecemos com algumas perguntas:

- Se a felicidade é primordial para uma vida plena de significado, por que muitos de nós continuam tão infelizes?
- A busca constante pela felicidade lhe trouxe mais felicidade?
- Quais foram os momentos mais felizes de sua vida? Havia outras emoções presentes neles?
- Você está esperando a plenitude da vida quando enfim se sentir feliz?

Há séculos, nossa cultura tem verdadeira obsessão em promover a felicidade, mas não parece estar dando certo. Pesquisas demonstram que, quanto mais as pessoas veem a felicidade como um objetivo, menos felizes ficam. Os Estados Unidos investem mais tempo, energia e dinheiro para encontrar a felicidade do que qualquer outro país, mas não estamos mais felizes. De acordo com a *General Social Survey*[35], os níveis de felicidade dos norte-americanos quase não mudaram desde 1972. Então, apesar de todo nosso empenho para sermos mais felizes, e todo nosso foco na felicidade, alguma coisa não está dando certo.

Quando pesquisamos no Google "Qual é o segredo da felicidade?", 480 milhões de resultados aparecem de imediato, cada um prometendo um caminho diferente rumo a esse objetivo indescritível. Ainda que haja alguma sobreposição nessas listas – mencionam quase sempre relacionamentos e gratidão –, todas reportam estar embasadas na ciência, mas oferecem uma perspectiva ou uma metodologia diferente. Cada um dos estudos também analisa diferentes populações, mas com pouca atenção aos fatores culturais que podem impactar o que influencia e leva à felicidade os diferentes grupos.

Os elementos de que precisamos para sermos felizes estão em evolução e mudança constantes, dependendo de onde moramos, de nosso sexo, idade e outros fatores. Venderam-nos a ideia de que o caminho para a felicidade não é individual ou fluido, mas sim uma lista padronizada de

---

[35] Desde 1972, a Pesquisa Social Geral (GSS), em tradução livre, fornece a políticos, formuladores de políticas e acadêmicos uma perspectiva clara e imparcial sobre o que os americanos pensam e sentem sobre questões como prioridades nacionais de gastos, crime e punição, relações intergrupais e confiança nas instituições. (N.T.)

práticas culturalmente aprovadas que, quando realizadas corretamente, nos levarão à terra prometida: saúde, escola, profissão, emprego, casamento, filhos, aposentadoria e morte. Enquanto estamos dando um "ok" em cada item, devemos demonstrar gratidão, ter a mentalidade certa e não reclamar. Infelizmente, muitos de nós somos incapazes de conquistar todos esses marcos ou simplesmente não queremos.

Percorri todo esse roteiro, na linha do tempo "certa", o que me trouxe muita realização e momentos de felicidade, pois eu queria e valorizava as coisas desse jeito. Se esse for também o seu caminho, ótimo. Entretanto, como terapeuta, amiga e membro de uma família, vi esse roteiro, e a necessidade constante de encontrar a felicidade, destruir pessoas e deixá-las com a sensação de fracasso quando não conseguem alcançá-la pelos meios prescritos.

Então, e se a felicidade nem sempre for atingível para todos através dos caminhos que nos deram? E se nos venderam alguma coisa inidentificável, incomensurável e, em última análise, inatingível? Por essa razão o encorajo a riscar da vida a busca pela felicidade. Em vez disso, procure se realizar, traçar seu próprio caminho e viver uma vida alinhada com seus valores. Talvez o seu caminho seja seguir o roteiro "tradicional", talvez não. Ambos estão OK. Ambos são dignos.

Vivendo uma vida norteada por valores

Sentir-se realizado requer viver uma vida norteada por valores, o que é muito diferente de uma vida norteada para a felicidade. Quando priorizamos e nos norteamos pela felicidade, estamos focados em manter o bom humor, viver apenas experiências positivas e felizes, e conquistar a felicidade como objetivo final. Uma vida norteada por valores nos permite priorizar o que é importante para nós e encontrarmos um caminho para chegar lá. No entanto, viver de acordo com nossos valores nem sempre significa nos sentirmos felizes ou bem, ainda que se alinhe com quem somos e o que queremos.

Vida norteada para a felicidade	Vida norteada por valores
• Preocupar-se apenas com coisas, ideias, experiências e pessoas que fomentarão a felicidade. • Seguir o caminho certo que o levará à felicidade, mesmo que não o deseje. • Eliminar todos os pensamentos dolorosos ou negativos, pois representam uma ameaça à sua felicidade. • Qualquer pessoa que reclame, não concorde ou esteja em intenso conflito está comprometendo seu caminho para a felicidade. • A felicidade é prometida a quem se dedicar totalmente a alcançá-la. Se você não estiver fazendo isso, não está se esforçando o suficiente.	• Entrar em contato com coisas, ideias, experiências e pessoas que você valoriza. • Conhecer seus valores o motiva e ajuda a iluminar seu caminho. • Aceitar mágoas, reclamações e sentimentos angustiantes, pois quase sempre apontam diretamente para seus valores. • É possível selecionar os relacionamentos com base em seus valores e reconhecer que relacionamentos não são fáceis ou bons o tempo todo. • Viver de acordo com os próprios valores levará a momentos de felicidade e de conflito emocional. Tudo pode coexistir.

A Terapia de Aceitação e Compromisso (ACT)[36] é uma das minhas ferramentas favoritas para viver uma vida norteada por valores. Ajuda as pessoas a desenvolver flexibilidade psicológica, que implica a capacidade de existir no momento e reconhecer sentimentos e sensações corporais, mesmo que suscitem desconforto ou sofrimento. Esse tipo de flexibilidade nos leva a vislumbrar nossas experiências emocionais sem julgamento, em vez de tomar decisões sobre a vida centrados em

---

36 Em inglês, *The Acceptance and Commitment Therapy*.

evitar qualquer desconforto ou sofrimento que sintamos. Viver sempre buscando felicidade ou positividade pode levar a muita evitação, sobretudo quando sentimos que nossos pensamentos negativos vão levar à morte social. Então, em vez de apenas procurarmos o que os sentimentos "bons" proporcionam, vamos refletir sobre o que nos aproxima de nossos valores.

O primeiro passo para vivermos uma vida norteada por valores é a descoberta dos nossos. Lembre-se de que os valores podem mudar e, portanto, podem alterar seu comprometimento atual. Os valores não devem servir como regras ou diretivas, mas como referências que nos ajudam na tomada de decisões e no sentimento de realização.

Comece pensando em seus valores em cada uma destas quatro esferas da vida – trabalho/educação, relacionamentos, desenvolvimento pessoal e saúde e lazer. Nem todo mundo tem os mesmos valores e não existe uma resposta "certa". Em cada um dos pilares, pergunte a si mesmo:

- O que é importante?
- Com o que me preocupo?
- No que eu gostaria de trabalhar?
- Minha cultura e minha família incutiram que valores em mim? Eles são importantes para mim como indivíduo hoje?

Seu valor é a maneira como você gostaria de viver sua vida, não um objetivo específico. Por exemplo, talvez seu objetivo seja passar pelo menos uma noite por semana em paz com seu companheiro. Ser um parceiro atencioso e interessado seria o valor subjacente, e você o incorporaria passando tempo com o companheiro.

Caso você tenha dificuldades para identificar os próprios valores, pense em alguns dos objetivos e comportamentos que gostaria de atingir e que valor pode estar orientando-o nesse sentido. Há também várias listas disponibilizadas on-line que o ajudarão a começar a pensar em seus valores pessoais.

Se você perceber que diz valorizar o tempo com a família, mas passa oitenta horas por semana no trabalho, talvez precise de criatividade quanto à forma como vai incorporar esse valor. Este exercício também o auxiliará a questionar seus valores e identificar se a proximidade com a família é de fato mais importante do que o trabalho, ou se você acha que deveria ser. É uma boa fazer uma verificação consistente em seus valores e o jeito como está vivendo. Valores pessoais mudam com o passar dos anos e a alteração do ritmo de vida, portanto, faça os ajustes necessários. Quando você vive de acordo com seus valores, as coisas são muito mais gratificantes e passam a fazer sentido. Nem sempre será "bom", mas você saberá que se alinhou com quem deseja ser.

Validação e chute na bunda

Uma das piores coisas da positividade tóxica se refere ao fato de, quando usada nos momentos errados, negar o que estamos sentindo e nos fazer sentir pior. Mas às vezes precisamos de um empurrãozinho para seguir em frente, afinal, talvez estejamos quase concluindo alguma coisa muito importante ou tenhamos nos perdido um pouco no caminho para nosso próximo objetivo. Acontece, e compaixão e validação percorrem uma longa trajetória nesses momentos. Também podemos precisar ter conosco uma conversinha estimulante de vez em quando.

Caso você tire proveito de alguma coisa deste livro, espero que seja disto: o poder imenso em saber quando você precisa de compaixão e quando precisa de um chute na bunda. Às vezes necessitamos de um, às vezes de ambos. Precisamos aprender a dança delicada da validação e do empurrão. O exagero de qualquer um não vai acabar bem.

Autocompaixão e validação – estão em alta agora! – dos próprios sentimentos são tão importantes que, se nós (ou outra pessoa) desafiamos uma emoção, tentamos mostrar uma perspectiva diferente, ou talvez não a vejamos como 100% verdadeira, já se fala em *gaslighting*. E entendo; a validação é megaútil. E, às vezes, nos curvamos demais, nos perdemos no sentimento e temos dificuldade em encontrar a saída. Precisamos garantir que não passemos da positividade tóxica para a supervalidação e fiquemos estagnados.

Vamos começar com o que é validação e o que a torna tão benéfica. Embora ela se pareça com endosso, não é. Quando você valida, está apenas dizendo:

- Honro o fato de ser um humano que vai sentir muitas coisas.
- Talvez não faça sentido agora e seja algo que estou vivenciando.
- Vou sentir, deixar passar e depois investigar ou seguir em frente.

Em um momento difícil, quase sempre precisamos de validação. Ao conversar com meus pacientes sobre alguma coisa desafiadora, gosto de recorrer à validação antes de passar para uma conversa estimulante. Isso nos faz atravessar a tempestade e, quando saímos do outro lado, podemos decidir o que queremos fazer. Talvez:

- Foi um dia ou um momento ruim e você vai tocar a vida.
- A reação se arraigava em outra coisa, e você quer investigá-la.
- Você só precisava de mais apoio antes de olhar para isso de outra forma ou seguir em frente.

Validação é o início do processo, levando-nos a compreender ou a tocar a vida, e ainda funciona muito melhor do que vergonha, culpa ou positividade tóxica. Quando estamos dispostos a recorrer à validação *e* assumir uma nova perspectiva ou aprender algo, muita coisa boa pode acontecer.

O elemento primordial para viver uma vida gratificante e norteada por valores quase sempre está em saber o que validar, por quanto tempo e quando se dar um empurrãozinho. Tente começar com validação até que não haja vergonha ou culpa, e que tenha aceitado seus sentimentos – eles são o que são. Então, caso exista alguma coisa que você deseja de fato conquistar, talvez valha a pena tentar um empurrãozinho. Mova-se lentamente aqui e observe se aflora algum sentimento de culpa e vergonha. Se piorarem ou você não se sentir motivado, talvez seja hora de mais um empurrão. Veja o que pode fazer:

- "Estou sentindo (nome) e me permito esse sentimento. Este projeto deve ser muito importante para mim, então vou manter o foco."
- Perceba a sensação e escolha fazer uma caminhada ou se engajar em alguma outra reinicialização rápida, que lhe possibilite fazer o que precisa.
- "Estou tendo uma sensação e me permito processá-la mais tarde. Agora, eu tenho de passar por isto."
- Pense nas razões pelas quais você precisa ou deseja concluir esta tarefa.

Não há uma fórmula exata aqui (gostaria de poder lhe dar uma, tenha certeza). Trata-se de entrar em contato com seus valores e seus objetivos e aprender como reage à validação e a um pequeno empurrão. Todos precisam de uma proporção diferente de cada um, dependendo da situação.

Dê um tempo na espiral da autoajuda

Quando você se empenha em viver uma vida norteada por valores e não voltada para a felicidade, talvez seja tentado a pisar fundo e descobrir o que fazer hoje mesmo. É assim que muitos de nós agimos em busca de uma existência com mais qualidade. Quero que você faça o oposto do que lhe disseram quase todos os livros de autoajuda de que já ouviu falar. Vá devagar, faça pausas e pare de vez em quando.

Eu sei, parece contraintuitivo, mas siga comigo aqui.

Acredito tanto no imenso valor da introspecção e do nosso trabalho interior, que escrevi um livro e postei todos os dias nas redes sociais sobre como podemos melhorar nossa saúde mental. Afinal, todos podemos trabalhar ou aprender sobre nós mesmos para nos tornarmos melhores parceiros, familiares, amigos e colegas de trabalho. Às vezes esse trabalho é fundamental, se quisermos preservar certos aspectos de nossa vida. Transtornos mentais ocorrem de fato e exigem trabalho, tratamento e, em determinadas situações, ajuda profissional.

Entretanto, também tenho visto um padrão perigoso no Instagram e em meu consultório: gente obcecada com a cura, o foco principal da vida deles.

Essa situação permeia tudo que as pessoas fazem. Assemelha-se à ortorexia (obsessão por alimentação saudável), mas para a mente. Há uma fixação em encontrar a "a raiz do problema" de tudo, em um processo de se autodiagnosticar e descobrir o trauma ou o acontecimento da infância que levou a esse comportamento na vida adulta. E sempre existem à disposição um livro, uma lista, uma citação e até um curso, todos com a promessa de nos ajudar a alcançar nosso melhor. O que parece uma busca positiva de autoaprimoramento acaba não funcionando quando as pessoas se sentem erradas, fracassadas ou inferiores.

Aqui estão alguns indícios importantes de que uma prática de cura ou autoaprimoramento está impactando negativamente sua vida:

- Buscar constantemente coisas novas para melhorar ou solucionar.
- Pensar que existe alguma coisa errada com você.
- Acreditar que você precisa se "curar" ou mudar para ser aceito.
- Sentir-se mal quando não está constantemente buscando bem-estar, saúde ou aprimoramento.
- Julgar aqueles que não adotam uma atitude constante de "cura" ou aprimoramento.
- Não se permitir sentir ou experimentar emoções desafiadoras, pois isso significaria que você não está "curado".
- Centrar todas ou a maioria de suas atividades diárias em torno da saúde ou do autoaprimoramento.

Esses são alguns dos sinais que notei em situações em que alguém se envolve tão profundamente com a cura, que não consegue viver a plenitude dos momentos. São pessoas focadas em um ideal que não existe. Eu mesma já fiz isso em alguns períodos da minha vida. Em meu processo de formação para me tornar terapeuta, estava focada em mostrar meu "melhor eu" para os pacientes. Queria ser a versão mais integrada de mim mesma, pois deveria ser líder e modelo exemplar naquele espaço. E mais, também desejava tão desesperadamente que tudo o que estava sentindo desaparecesse, que fiquei hiperfocada em reparar, curar e aprender. Agora sou capaz de entrar na terapia e sair dela. Ler um livro de autoajuda quando tiver vontade e largá-lo quando não tiver. Curto a vida, vivencio minhas emoções e estou ciente das coisas em que preciso trabalhar, ao invés de uma corrida pela perfeição.

Sempre existe algo para reparar ou aprimorar. Na verdade, não é necessário que mergulhemos o tempo todo em uma busca por saúde, felicidade ou bem-estar. Você tem permissão para:

- Assistir à TV ou ver filmes sem componentes educacionais.
- Não fazer nada.
- Dormir.
- Comer alguma coisa só porque é gostosa.
- Ler só para se entreter.
- Movimentar seu corpo só pelo prazer.
- Navegar nas mídias sociais como absoluta distração.

Sério mesmo, coma o doce. Assista ao filme. Leia o livro. Nem tudo que você faz tem de ser para melhorar a saúde, o conhecimento, o trabalho ou o corpo. Tudo bem, apenas seja você. Não há linha de chegada ou troféu para o mais aprimorado. Na verdade, é bem possível que você descubra que, toda vez que "conserta" uma coisa, o mundo lhe implora que trabalhe em outra. Seu eu "melhor" e "mais feliz" sempre estará fora de alcance; você não o conquistará. Na verdade, você é o seu "melhor eu" quando se sai mal e tenta o seu melhor, estabelecendo limites e pensando nos outros, desculpando-se se necessário, pedindo ajuda e vivendo a vida de acordo com seus critérios. Plena falta de conscientização e zero trabalho em si mesmo são coisas perigosas, com potencial de que você perca relacionamentos, empregos e outras facetas da vida. Mas a resposta também não está na obsessão com o autoaprimoramento. Não receie descansar e aproveitar o seu aqui e agora – mesmo que isso signifique largar este livro e deixar de me seguir no Instagram. Sério, faça isso se precisar.

Tudo bem, apenas seja você.

Vez ou outra, um pouco de fantasia positiva ajuda

Em algumas situações, um devaneio ou uma fantasia positiva podem ser imensamente úteis. Gabriele Oettingen, pesquisadora e autora de *Rethinking Positive Thinking*[37], realizou vários estudos sobre o impacto de fantasias e sonhos positivos sobre a motivação. Sua pesquisa levou a um resultado claro: "Fantasias positivas, desejos e sonhos descolados de uma avaliação de experiências passadas não se traduziam em motivação para agir rumo a uma vida mais energizada e engajada. Traduziam-se no contrário". Em outras palavras, se não tivermos evidências prévias de que podemos atingir um objetivo e confiarmos em sonhos ou fantasias para alcançá-lo, não nos sentiremos mais motivados. Caso alguém imagine que vai virar um jogador profissional de basquete com 1,70 m e trinta anos, fixando-se na ideia, sonhando e fingindo que acontecerá, provavelmente isso não o levará até lá.

Mesmo a pesquisa evidenciando com clareza que sonhos e fantasias positivas em geral não melhoram a motivação, nem levam a melhores resultados ou melhor performance, elas serviram a um propósito importante em outras situações. Dra. Oettingen descobriu que sonhos ou fantasias positivas atuam como distração enquanto esperamos ou passamos por alguma coisa bem complicada. Soldados de combate, prisioneiros e pessoas em fim de vida usam essa estratégia, a mais útil quando inexiste oportunidade de ação e só precisamos passar pelo momento. Ela proporciona prazer no curto prazo e mantém as pessoas engajadas no processo de espera.

Também podemos recorrer a fantasias positivas e devaneios para experimentar mentalmente um objetivo ou explorar caminhos possíveis. Digamos que você esteja devaneando sobre se tornar um advogado. Talvez se imagine sentado em uma grande mesa, saindo com colegas de trabalho e recebendo um vultoso salário. Mas então sua mente vagueia para as madrugadas e o tempo gasto diante de documentos complicados. Você

---

37 "Repensando o pensamento positivo", em tradução livre. (N.T.)

começa a questionar se essa fantasia é de fato agradável ou não. Talvez não queira realmente ser um advogado? Os exercícios de visualização positiva podem levá-lo a uma jornada para descobrir o que deseja ou não. A partir daí, poderá partir para a ação.

A visualização positiva e as fantasias podem nos ajudar a:

- Lidar com o sofrimento.
- Ser paciente.
- Perseverar em situações que fogem ao nosso controle.
- Vivenciar o prazer de curto prazo.
- Clarear nossos sonhos e desejos.

O fundamental é que saibamos quando recorrer a elas e quando partir para a ação.

Descobrindo o que funciona para você

Assim como inexiste um caminho para uma vida plena, também inexiste uma coisa que funcione para todos. Como terapeuta, sei que isso é absolutamente verdadeiro (e há bem poucas coisas que direi sobre isso). Estamos todos navegando pelo mundo com diferentes valores, identidades, experiências de vida e normas culturais e, portanto, nunca encontremos uma teoria psicológica ou uma prática de autoajuda que se aplique a todos – e beleza!

A opção de excluir a positividade tóxica e também a busca constante da felicidade nos obriga a olhar para como queremos viver e como nossas escolhas impactam as pessoas com quem convivemos. Significa priorizar nossas necessidades e reconhecer que todos têm valores e maneiras de viver. Não podemos determinar o que é felicidade para os outros; precisamos, sim, responsabilizar as pessoas, estabelecer limites e proteger nossa própria energia. Sair da corrida em nome da felicidade, em última análise, abre espaço para que criemos nossos próprios caminhos e paremos de discutir os ingredientes para ser feliz. É libertador.

Quando optamos por sair da trilha predeterminada para a felicidade, temos acesso a muito mais. E sentiremos tudo – alegria e dor, conforto e desconforto, desenvolvimento e estagnação – surfando nas ondas da vida e cientes da inexistência da terra da felicidade. É isso. E isso é o que temos – e todos os sentimentos, altos e baixos, mudanças e caos, com certeza intensificam o prazer da viagem.

Observação final: lembretes sobre ser humano

Compartilhei muito com você neste livro, e talvez tenha inclusive desafiado algumas de suas crenças sobre felicidade e pensamento positivo. Valorizo muito sua leitura e receptividade; sei que não é fácil.

Agora, quero registrar alguns lembretes sobre ser humano enquanto você embarca no mundo com todo esse conhecimento, e com algumas dicas para identificar positividade tóxica. Espero que isto o ajude na incorporação do que aprendeu.

- Você vai sentir uma ampla gama de emoções. Algumas despertarão sensações melhores do que outras. Acolha todas.
- O mais importante indicador individual da felicidade é a qualidade dos relacionamentos. Retribua às pessoas a quem você ama, estabeleça limites e lembre-se de que relacionamentos nunca são perfeitos.
- Você vai reclamar e se sentir negativo, o que não significa que esteja vibrando em uma "baixa frequência" ou que tenha "vibrações ruins".
- A vida poderá desafiá-lo e recompensá-lo.
- A felicidade nem sempre é a emoção ideal para todo momento.
- Você não manifestou tudo de ruim em sua vida e desempenha um papel fundamental na superação disso.
- Nem tudo é possível para todas as pessoas, e sua vida terá significado, propósito e alegria.
- O universo é capaz de lhe dar mais do que aquilo com que você sabe lidar agora e, de alguma forma, por algum motivo, você encontrará pessoas, lugares e coisas de que precisa para administrar toda a situação.

Como identificar positividade tóxica

A positividade tóxica paira ao nosso redor, e é importante que não encaremos tudo que envolve ser feliz ou positivo como tóxico. Lembre-se, a positividade não é tóxica; *torna-se* tóxica. Elaborei o quadro a seguir para ajudá-lo a navegar pela positividade tóxica *versus* positividade útil no mundo real.

Positividade tóxica	*Positividade benéfica*
• Comunica às pessoas a mensagem de que não deveriam sentir o que estão sentindo. • Insinua que as pessoas são negativas se não conseguem encontrar o lado bom de tudo. • Incentiva as pessoas a serem felizes o tempo todo e vislumbrarem o "bom" de cada situação. • Encerra logo uma conversa ou um relacionamento por não querer "vibrações negativas". • Usa frases que depreciam os sentimentos alheios por querer ajudá-las a se "sentir melhor" e superar o conflito. • Só olha para o "bom" e ignora qualquer coisa "ruim". • Desperta vergonha nas pessoas por terem dias ruins ou momentos negativos.	• Reconhece o valor de ver o lado bom e permite às pessoas que cheguem às próprias conclusões benéficas; tudo no tempo delas. • Reconhece que os seres humanos vivem uma ampla gama de emoções, algumas mais desafiadoras que outras, e permite-lhes ver o lado "bom" e "ruim" de cada situação. • Compreende que nem tudo tem um lado positivo e, mesmo assim, podemos desfrutar da experiência. • Encoraja a manifestação emocional dos outros (com limites) e as nossas, ciente de que, para alguns vivenciarem a felicidade, quase sempre precisam processar e superar o sofrimento. • Presta atenção nos altos e baixos de uma situação e os reconhece.

Portanto, se você vir a placa "*Good vibes*" em um restaurante, provavelmente tudo bem. Você está lá para se divertir! Positividade tóxica seria dizer a um amigo deprimido: "Você precisa mesmo se livrar das vibrações negativas; elas te deixam pra baixo". Entendeu a diferença?

Nem toda positividade, felicidade ou boas vibrações são negativas. Lembre-se: observe o momento, o público e o assunto sobre o qual está conversando. Essa é a melhor maneira de identificar se o contexto envolve positividade tóxica.

AGRADECIMENTOS

Escrevi este livro grávida e durante uma pandemia. Foi a experiência profissional mais gratificante e desafiadora que vivi até agora, e tenho certeza de que nada disso seria possível sem o apoio e a orientação de tantas pessoas em minha vida.

Ao meu marido, seu apoio incansável e interesse por meu trabalho me energizaram durante todo este processo. É uma dádiva absoluta ter um parceiro que deseja que você tenha sucesso e não mede esforços para que isso aconteça. Espero que continuemos nos apoiando pessoal e profissionalmente pelo resto de nossa vida. Formamos um grande time. Suas competências de negociação de contratos e assessoria jurídica também foram um privilégio durante todo este processo.

Quero também agradecer ao meu filho, que me proporcionou um suprimento constante de hormônios e emoções em todo o tempo de escrita deste livro. Você me permitiu explorar sentimentos que eu nem sabia que existiam. Obrigada pela insônia – escrevi muito naquelas horas tranquilas da manhã. Não sei os caminhos que escolherá, mas sempre estarei orgulhosa de você e espero que este livro também o faça sentir orgulho de mim.

Obrigada aos meus pais, por me mostrarem que crescimento e mudança são sempre possíveis. Mãe, você é minha maior líder de torcida, minha melhor amiga e meu apoio constante. Apoiou meu Instagram desde o primeiro dia e serviu como minha caixa de ressonância para ideias de postagem, defensa dos valentões da internet e corretor ortográfico. Obrigada por se tornar a figura parental de que sempre precisei. Ver você navegar pela vida me ensinou que nunca é tarde demais para priorizar ou aprender algo novo. Vou continuar sempre telefonando para você e enviando mensagens de texto dez vezes por dia. Pai, você me ensinou a criar a profissão que eu sempre quis. Obrigada por me ensinar a nunca aceitar um não como resposta e a sempre pedir o que se merece. Sei que minha completa inaptidão de seguir o caminho tradicional ou de trabalhar para outra pessoa vem de você.

Preciso também agradecer à pessoa que me ensinou mais sobre resiliência e postura diante da positividade tóxica do que qualquer outra: minha irmã. Foi fantástico ver você navegar na vida, mudar de direção e se tornar essa versão de si mesma. Que orgulho de você! Obrigada por me ensinar algo novo todos os dias.

Aos meus sogros, obrigada por se tornarem minha nova família, sempre fazendo perguntas sobre meu trabalho, sempre tão empolgados por mim. Acima de tudo, obrigada por criarem um homem com quem sempre posso contar. Amo todos vocês. E para o restante da minha enorme família cubana do sul, nunca me senti sozinha sabendo que vocês estão me apoiando. Não existe ninguém como vocês.

À minha editora, Marian; minha agente, Laura Lee; e toda a equipe da TarcherPerigee, muito obrigada por acreditarem nesta ideia e sempre me apoiarem. Vocês tornaram todo este processo divertido e simples. Valorizo sua liderança, experiência e dedicação. Serei eternamente grata por termos trabalhado juntos – adorei cada minuto.

Minha comunidade do Instagram, o engajamento e o apoio de vocês tornaram este livro possível. Obrigada por todas as curtidas, compartilhamentos, comentários e mensagens. Também agradeço aos meus clientes, que me inspiram e ensinam todos os dias. É uma dádiva poder aprender tanto. Este livro é para vocês.

E a todos os meus amigos, obrigada pelo infinito apoio. Vocês compartilharam minhas postagens, fizeram muitas perguntas sobre o livro e prometeram comprar todos os exemplares. Obrigada pela motivação nos dias em que eu não tinha certeza do que essa coisa de "terapeuta do Instagram" ia dar. Sou muito grata por ter cada um de vocês na minha vida.

LEITURAS RECOMENDADAS

Ahmed, Sara. "Killing Joy: Feminism and the History of Happiness". Signs: *Journal of Women in Culture and Society* 35, n. 3, 2010; 571-94. Disponível em: https://doi.org/10.1086/648513. Acessado em: 5 fev. 2022.

The Pomise of Happiness. Durham, NC: Duke University Press, 2010. Disponível em: https://doi.org/10.1515/9780822392781. Acessado em: 2 fev. 2022.

Andrade, Gabriel. "The Ethics of Positive Thinking in Healthcare". *Journal of Medical Ethics and History of Medicine*. Disponível em: https://doi.org/10.18502/jmehm.v12i18.2148. Acessado em: 5 fev. 2022.

Brackett, Marc A. *Permissão para sentir: como compreender nossas emoções e usá-las com sabedoria para viver com equilíbrio e bem-estar*. Rio de Janeiro: Sextante, 2021.

Ehrenreich, Barbara. *Sorria: como a promoção incansável do pensamento positivo enfraqueceu a América*. Rio de Janeiro: Record, 2013.

Oettingen, Gabriele. *Rethinking Positive Thinking: Inside the New Science of Motivation*. Nova York: Current, 2015.

Taylor, Sonya Renee. *The Body Is Not an Apology: The Power of Radical Self-Love*. Oakland, CA: Berrett-Koehler Publishers, Inc., 2021.

Yakushko, Oksana. *Scientific Pollyannaism: From Inquisition to Positive Psychology*. Suíça: Palgrave Macmillan, 2019.

REFERÊNCIAS

Capítulo 1 – O que é positividade tóxica?

leva à repressão emocional: Ruan, Yan; Reis, Harry T.; Zareba, Wojciech; Richard D. Lane. "Does Suppressing Negative Emotion Impair Subsequent Emotions? Two Experience Sampling Studies". *Motivation and Emotion* 44, n. 3, 2019; p.427-35. Disponível em: https://doi.org/10.1007/s11031-019-09774-w. Acessado em: 2 fev. 2022.

"Novo Mundo": Ehrenreich, Barbara. "The Dark Roots of American Optimism". Ensaio em *Sorria: como a promoção incansável do pensamento positivo enfraqueceu a América*. Rio de Janeiro: Record, 2013.

chegou ao Novo Mundo era calvinista: Ehrenreich, Barbara. "The Dark Roots of American Optimism". Ensaio em *Sorria: como a promoção incansável do pensamento positivo enfraqueceu a América*. Rio de Janeiro: Record, 2013.

Consideravam a ociosidade ou o prazer pecados: Nicole, Riger R. "From the Archives: The Five Points of Calvinism". *Reformed Faith & Practice*. Disponível em: https://journal.rts.edu/article/from-the-archives-the-five-points-of-calvinism/. Acessado em: 5 fev. 2022.

movimento Novo Pensamento: "New Thought". *Encyclopedia Britannica*. Encyclopedia Britannica, Inc. Disponível em: https://www.britannica.com/event/New-Thought. Acessado em: 5 fev. 2022.

Phineas Parkhurst Quimby: Ehrenreich, Barbara. "The Dark Roots of American Optimism". Ensaio em *Sorria: como a promoção incansável do pensamento positivo enfraqueceu a América*. Rio de Janeiro: Record, 2013.

Mary Baker Eddy: Gottschalk, Stephen. "Mary Baker Eddy". *Encyclopedia Britannica*. Encyclopedia Britannica, Inc. Disponível em: https://www.britannica.com/biography/Mary-Baker-Eddy. Acessado em: 5 fev. 2022.

William James: Duclow, Donald. "William James, Mind-Cure, and the Religion of Healthy-Mindedness". *Journal of Religion and Health*. Disponível em: https://doi.org/10.1023/A:1015106105669. Acessado em: 5 fev. 2022.

usado para tratar males físicos: Duclow, Donald. "William James, Mind-Cure, and the Religion of Healthy-Mindedness". *Journal of Religion and Health*. Disponível em: https://doi.org/10.123/A:1015106105669. Acessado em: 5 fev. 2022.

Napoleon Hill rapidamente se tornou: Hill, Napoleon. *Quem pensa enriquece*. Porto Alegre: Citadel, 2020.

Em 1952, Norman Vincent Peale: Peale, Norman Vincent. *O poder do pensamento positivo*. São Paulo: Cultrix, 2016.

A eugenia também era extremamente popular: Yakushko, Oksana. *Scientific Polllyannaism: From Inquisitio to Positive Psychology*. Springer, 2019.

John B. Watson e G. Stanley Hall: Yakushko, Oksana. *Scientific Pollyannaism: From Inquisition to Positive Psychology*. Springer, 2019.

recorram a ele [pensamento positivo]: Hicks, Esther e Jerry Hicks. *The Law of Attraction: The Basics of the Teachings of Abraham*. Hay House, Inc., 2006.

"Happier Babies Have an Edge": Coffey II; John K. "Happier Babies Have an Edge". *Scientific American*. Disponível em: https://blogs.scientificamerican.com/observations/happier-babies-have-an-edge/. Acessado em: 5 fev. 2022.

The Australian Temperament Project: Vassallo, S. & A. Sanson (eds.) "The Australian Temperament Project". *Australian Institute of Family Studies*. Disponível em: https://aifs.gov.au/publications/australian-temperament-project. Acessado em: 5 fev. 2022.

manifestação é definida: Hurst, Katherine. "Manifestation Guide: How To Manifest Anything You Want In 24hrs". *TheLawOfAttraction.com. Greater Minds*. Disponível em: https://www.thelawofattraction.com/manifest-something-want-24hrs-less. Acessado em: 5 fev. 2022.

ferramenta WOOP: Oettingen, Gabriele. *Rethinking Positive Thinking: Inside the New Science of Motivation*. Current, 2015.

Capítulo 2 – Por que a positividade nem sempre funciona

mindset e crenças subconscientes: Eker, T. Harv. *Os segredos da mente milionária*. Rio de Janeiro: Sextante, 1992.

dados gigantes: Fairs, Marcus. "Google Has Had Negative Effect on Office Design Says Jeremy Myerson". *Dezeen*. Disponível em: https://www.dezeen.com/2016/03/22/google-office-design-negative-effect-interiors-jere my-myerson/. Acessado em: 5 fev. 2022.

querem é o pensamento de grupo: Janice, Irving. Essay. In *A First Look at Communication Theory*. Nova York: McGraw-Hill Education, 1991, p. 235-46.

positividade tóxica atrapalha a criatividade: Duncan, Cath. "A User's Guide to Creative Tension". *Productive Flourishing*. Disponível em: https://www.productiveflourishing.com/a-users-guide-to-creative-tension/. Acessado em: 5 fev. 2022.

visualizar possíveis soluções: Jiménez, Jacinta M. "Toxic Positivity: The Unexpected Killer of Creativity in the Workplace". *LinkedIn*. Disponível em: https://www.linkedin.com/pulse/toxic-positivity-unexpected-killer-creativity-jiménez-psyd-bcc/. Acessado em: 5 fev. 2022.

empatia pelo cliente: Jiménez, Jacinta M. "Toxic Positivity: The Unexpected Killer of Creativity in the Workplace". Disponível em: https://www.linkedin.com/pulse/toxic-positivity-unexpected-killer-creativity-jiménez-psyd-bcc/. Acessadoem: 5 fev. 2022.

leis trabalhistas federais: Dahl, Melissa. "Huh, Would You Believe That Forcing Employees to Act Happy Is a Terrible Idea?" *The Cut*. Disponível em: https://www.thecut.com/2016/11/forcing-employees-to-act-happy-is-a-terrible-idea.html. Acessado em: 5 fev. 2022.

pesquisa da Gallup: Tritch, Teresa. "Engagement Drives Results at New Century". *Gallup Management Journal*. Disponível em: https://www.nova.edu/ie/ice/forms/engagement_drives_results.pdf. Acessado em: 5 fev. 2022.

algumas maneiras simples: Bright, David S.; Cameron, Kim S.; Caza, Arran. "The Amplifying and Buffering Effects of Virtuousness in Downsized Organizations". *Journal of Business Ethics* 64, n. 3; p. 249-69. Disponível em: https://doi.org/10.1007/s10551-005-5904-4. Acessado em: 5 fev. 2022.

imagens cerebrais: Bright, David S.; Cameron, Kim S.; Caza, Arran. "The Amplifying and Buffering Effects of Virtuousness in Downsized Organizations". *Journal of Business Ethics* 64, n. 3; p. 249-69. Disponível em: https://doi.org/10.1007/s10551-005-5904-4. Acessado em: 5 fev. 2022.

melhores resultados de aprendizagem e desempenho: Bright, David S.; Cameron, Kim S.; Caza, Arran. "The Amplifying and Buffering Effects of Virtuousness in Downsized Organizations". *Journal of Business Ethics* 64, n. 3; p. 249–69. Disponível em: https://doi.org/10.1007/s10551-005-5904-4. Acessado em: 5 fev. 2022.

em relação à empresa: Bright, David S.; Cameron, Kim S.; Caza, Arran. "The Amplifying and Buffering Effects of Virtuousness in Downsized Organizations". *Journal of Business Ethics* 64, n. 3; p. 249-69. Disponível em: https://doi.org/10.1007/s10551-005-5904-4. Acessado em: 5 fev. 2022.

redução da resposta imunológica: Andrade, Gabriel. "The Ethics of Positive Thinking in Healthcare". *Journal of Medical Ethics and History of Medicine.* Disponível em: https://doi.org/10.18502/jmehm.v12i18.2148. Acessado em: 5 fev. 2022.

levá-los à morte: Andrade, Gabriel. "The Ethics of Positive Thinking in Healthcare". *Journal of Medical Ethics and History of Medicine.* Disponível em: https://doi.org/10.18502/jmehm.v12i18.2148. Acessado em: 5 fev. 2022.

doenças incuráveis ou crônicas: "The Growing Crisis of Chronic Disease in the United States". Partnership to Fight Chronic Disease. Disponível em: http://www.fightchronicdisease.org/sites/default/files/docs/GrowingCrisisofChronicDiseaseintheUSfactsheet_81009.pdf. Acessado em: 5 fev. 2022.

tenham alguma incapacitação: "Disability Impacts All of Us Infographic". Centers for Disease Control and Prevention. Disponível em: https://www.cdc.gov/ncbddd/disabilityandhealth/infographic-disability-impacts-all.html. Acessado em: 5 fev. 2022.

Pesquisas mostram que o otimismo: Andrade, Gabriel. "The Ethics of Positive Thinking in Healthcare". *Journal of Medical Ethics and History of Medicine*. Disponível em: https://doi.org/10.18502/jmehm.v12i18.2148. Acessado em: 5 fev. 2022.

a direção da causalidade: Andrade, Gabriel. "The Ethics of Positive Thinking in Healthcare". *Journal of Medical Ethics and History of Medicine*. Disponível em: https://doi.org/10.18502/jmehm.v12i18.2148. Acessado em: 5 fev. 2022.

uma forma de avaliar: "Well-Being Concepts". Centers for Disease Control and Prevention. Disponível em: https://www.cdc.gov/hrqol/wellbeing.htm. Acessado em: 5 fev. 2022.

só de Boas Vibes: Chamberlain, Dale. "Why Christians Should Beware the Trap of Toxic Positivity". *Her & Hymn*. Disponível em: https://herandhymn.com/2020/06/25/toxic-positivity/. Acessado em: 5 fev. 2022.

seguir as normas: Murray, Kelly M.; Ciarrocchi; Joseph W.; Murray-Swank, Nicole A. "Spirituality, Religiosity, Shame and Guilt as Predictors of Sexual Attitudes and Experiences". *Journal of Psychology and Theology* 35, n. 3, 2007, p. 222-34. Disponível em: https://doi.org/10.1177/009164710703500305. Acessado em: 5 fev. 2022.

seus ensinamentos: Ley, David J. "Overcoming Religious Sexual Shame". *Psychology Today.* Disponível em: https://www.psychologytoday.com/us/blog/women-who-stray/201708/overcoming-religious-sexual-shame. Acessado em: 5 fev. 2022.

"Deus é positivo": Ehrenreich, Barbara. "God Wants You to Be Rich". Ensaio em *Sorria: como a promoção incansável do pensamento positivo enfraqueceu a América.* Rio de Janeiro: Record, 2013.

aumentou 9% no mesmo período: "In U.S., Decline of Christianity Continues at Rapid Pace". Pew Research Center's Religion & Public Life Project. Disponível em: https://www.pewforum.org/2019/10/17/in-u-s-decline-of-Christianity-continues-at-rapid-pace/. Acessado em: 5 fev. 2022.

evitar emoções e experiências dolorosas: Raab, Diana. "What Is Spiritual Bypassing?" *Psychology Today.* Disponível em: https://www.psychologytoday.com/us/blog/the-empowerment-diary/201901/what-is-spiritual-bypassing. Acessado em: 5 fev. 2022.

sofrimento psíquico: Levin, Jeff. "Religion and Mental Health: Theory and Research". *International Journal of Applied Psychoanalytic Studies.* Disponível em: https://doi.org/10.1002/aps.240. Acessado em: 5 fev. 2022.

alto astral e autocontrole emocional: Yakushko, Oksana. *Scientific Pollyannaism: From Inquisition to Positive Psychology.* Springer, 2019.

vida melhor e mais feliz: Yakushko, Oksana. *Scientific Pollyannaism: From Inquisition to Positive Psychology.* Springer, 2019.

Capítulo 4 – Dar um basta na vergonha

o pensamento positivo é contraproducente: Cooper, Belle B. "Your Positive Work Culture Might Be Making Your Team Less Productive". *Fast*

Company. Disponível em: https://www.fastcompany.com/40411368/your-positive-work-culture-might-be-making-your-team-less-productive. Acessado em: 5 fev. 2022.

confrontadas com situações difíceis ou de risco: Andrade, Gabriel. "The Ethics of Positive Thinking in Healthcare". *Journal of Medical Ethics and History of Medicine*. Disponível em: https://doi.org/10.18502/jmehm.v12i18.2148. Acessado em: 5 fev. 2022.

corroboram valores já existentes: Rose, Steve. "Do Positive Affirmations Work? A Look at the Science". *Steve Rose, PhD Counselor*. Disponível em: https://steverosephd.com/do-positive-affirmations-work/. Acessado em: 5 fev. 2022.

potencial para ser verdadeira: Rose, Steve. "Do Positive Affirmations Work? A Look at the Science". *Steve Rose, PhD*. Disponível em: https://steverosephd.com/do-positive-affirmations-work/. Acessado em: 5 fev. 2022.

pleno controle sobre nossa experiência emocional: Brackett, Marc A. *Permissão para sentir: como compreender nossas emoções e usá-las com sabedoria para viver com equilíbrio e bem-estar*. Rio de Janeiro: Sextante, 2021.

mais sofremos: Kalanthroff, Eyal; Cohen, Noga; Henik, Avishai. "Stop Feeling: Inhibition of Emotional Interference Following Stop-Signal Trials". *Frontiers in Human Neuroscience* 7. Disponível em: https://doi.org/10.3389/fnhum.2013.00078. Acessado em: 5 fev. 2022.

o mundo que nos cerca: Valikhani, Ahmad; Ahmadnia, Fatemeh; Karimi, Alma; Mills, Paul J. "The Relationship between Dispositional Gratitude and Quality of Life: The Mediating Role of Perceived Stress and Mental Health". *Personality and Individual Differences* 141, 2019, p. 40-46. Disponível em: https://doi.org/10.1016/j.paid.2018.12.014. Acessado em: 5 fev. 2022.

conceituam esses eventos: Ma, Lawerence K. & Ferguson, Eamonn. "Supplemental Material for Does Gratitude Enhance Prosociality?: A Meta-Analytic Review". *Psychological Bulletin.* Disponível em: https://doi.org/10.1037/bul0000103.supp. Acessado em: 5 fev. 2022.

demonstrar ou sentir gratidão: Jans-Beken, Lilian; Lataster, Johan; Peels, Denise; Lechner, Lilian; Jacobs, Nele. "Gratitude, Psychopathology and Subjective Well-Being: Results from a 7.5-Month Prospective General Population Study". *Journal of Happiness Studies* 19, n. 6, 30 de maio de 2017, p. 1673-89. Disponível em: https://doi.org/10.1007/s10902-017-9893-7. Acessado em: 5 fev. 2022.

prenunciar diretamente os resultados da saúde física: Jans-Beken, Lilian; Jacobs, Nele; Janssens, Mayke; Peeters, Sanne; Reijnders, Jennifer; Lechner, Lilian; Lataster, Johan. "Gratitude and Health: An Updated Review". *Journal of Positive Psychology* 15, n. 6, 2019, p. 743-82. Disponível em: https://doi.org/10.1080/17439760.2019.1651888. Acessado em: 5 fev. 2022.

melhoram o bem-estar emocional: Jans-Beken, Lilian; Jacobs, Nele; Janssens, Mayke; Peeters, Sanne; Reijnders, Jennifer; Lechner, Lilian; Lataster, Johan. "Gratitude and Health: An Updated Review". *Journal of Positive Psychology* 15, n. 6, 2019, p. 743-82. Disponível em: https://doi.org/10.1080/17439760.2019.1651888. Acessado em: 5 fev. 2022.

portadoras de psicopatologias: Jans-Beken, Lilian; Jacobs, Nele; Janssens, Mayke; Peeters, Sanne; Reijnders, Jennifer; Lechner, Lilian; Lataster, Johan. "Gratitude and Health: An Updated Review". *Journal of Positive Psychology* 15, n. 6, 2019, p. 743-82. Disponível em: https://doi.org/10.1080/17439760.2019.1651888. Acessado em: 5 fev. 2022.

sentimento de gratidão: Jans-Beken, Lilian; Jacobs, Nele; Janssens, Mayke; Peeters, Sanne; Reijnders, Jennifer; Lechner, Lilian; Lataster, Johan. "Gratitude and Health: An Updated Review". *Journal of Positive*

Psychology 15, n. 6, 2019, p. 743-82. Disponível em: https://doi.org/10.1080/17439760.2019.1651888. Acessado em: 5 fev. 2022.

elogiar pessoas: Valikhani, Ahmad; Ahmadnia, Fatemeh; Karimi, Alma; Mills, Paul J. "The Relationship between Dispositional Gratitude and Quality of Life: The Mediating Role of Perceived Stress and Mental Health". *Personality and Individual Differences* 141, 2019, p. 40-46. Disponível em: https://doi.org/10.1016/j.paid.2018.12.014. Acessado em: 5 fev. 2022.

momentos de intensa dificuldade: Valikhani, Ahmad; Ahmadnia, Fatemeh; Karimi, Alma; Mills, Paul J. "The Relationship between Dispositional Gratitude and Quality of Life: The Mediating Role of Perceived Stress and Mental Health". *Personality and Individual Differences* 141, 2019, p. 40-46. Disponível em: https://doi.org/10.1016/j.paid.2018.12.014. Acessado em: 5 fev. 2022.

Capítulo 5 – Como processar uma emoção

significado do acontecimento: "APA Dictionary of Psychology". American Psychological Association. Disponível em: https://dictionary.apa.org/emotion. Acessado em: 5 fev. 2022.

consciente da própria emoção: Lenzen, Manuela. "Feeling Our Emotions". *Scientific American*. Disponível em: https://www.scientificamerican.com/article/feeling-our-emotions/. Acessado em: 5 fev. 2022.

consciente ou inconscientemente: Cherry, Kendra. "How Does the James-Lange Theory Account for Emotions?". *Verywell Mind*. Disponível em: https://www.verywellmind.com/what-is-the-james-lange-theory-of-emotion-2795305. Acessado em: 5 fev. 2022.

orientar pensamentos e ações": Brackett, Marc. *Permissão para sentir: como compreender nossas emoções e usá-las com sabedoria para viver com equilíbrio e bem-estar*. Rio de Janeiro: Sextante, 2021.

de experiências anteriores: Barrett, Lisa Feldman. *How Emotions Are Made*. Macmillan, 2017.

altera o que acontecendo em nosso corpo: Smith, Ryan; Killgore, William D.; Lane, Richard D. "The Structure of Emotional Experience and Its Relation to Trait Emotional Awareness: A Theoretical Review". *Emotion* 18, n. 5, 2018, p. 670-92. Disponível em: https://doi.org/10.1037/emo0000376. Acessado em: 5 fev. 2022.

progredirem ou se intensificarem: Smith, Ryan, William D. Killgore, and Richard D. Lane. "The Structure of Emotional Experience and Its Relation to Trait Emotional Awareness: A Theoretical Review". *Emotion* 18, n. 5, 2018, p. 670-92. Disponível em: https://doi.org/10.1037/emo0000376. Acessado em: 5 fev. 2022.

por meio de seus pensamentos: University of Colorado at Boulder. "Your brain on imagination: It's a lot like reality, study shows". *ScienceDaily*. Disponível em: https://www.sciencedaily.com/releases/2018/12/181210144943.htm. Acessado em: 5 fev. 2022.

nosso comportamento: Smith, Ryan; Killgore, William D.; Lane, Richard D. "The Structure of Emotional Experience and Its Relation to Trait Emotional Awareness: A Theoretical Review". *Emotion* 18, n. 5, 2018, p. 670-92. Disponível em: https://doi.org/10.1037/emo0000376. Acessado em: 5 fev. 2022.

saúde física e mental: Rodriguez, Tori. "Negative Emotions Are Key to Well-Being". *Scientific American*. Disponível em: https://www.scientificamerican.com/article/negative-emotions-key-well-being/. Acessado em: 5 fev. 2022.

intensificando o sofrimento emocional: Ruan, Yan; Reis, Harry T.; Zareba, Wojciech; Lane, Richard D. "Does Suppressing Negative Emotion Impair Subsequent Emotions? Two Experience Sampling Studies". *Motivation and Emotion* 44, n. 3, 2019, p. 427-35. Disponível em: https://doi.org/10.1007/s11031-019-09774-w. Acessado em: 5 fev. 2022.

repressão emocional ao longo do tempo: Ruan, Yan; Reis, Harry T.; Zareba, Wojciech; Lane, Richard D. "Does Suppressing Negative Emotion Impair Subsequent Emotions? Two Experience Sampling Studies". *Motivation and Emotion* 44, n. 3, 2019, p. 427-35. Disponível em: https://doi.org/10.1007/s11031-019-09774-w. Acessado em: 5 fev. 2022.

associada ao sofrimento emocional: Winerman, Lea. "Talking the Pain Away". American Psychological Association. Disponível em: https://www.apa.org/monitor/oct06/talking. Acessado em: 5 fev. 2022.

descrever nosso estado emocional: Feeling Words. Steve Hein's EQI.org. Disponível em: https://eqi.org/fw.htm. Acessado em: 05/02/2022.

da experiência emocional interna de alguém: Cuncic, Arlin. "Understanding Inappropriat Affect". *Verywell Mind*. Disponível em: https://www.verywellmind.com/understanding-inappropriate-affect-4767992. Acessado em: 5 fev. 2022.

levar a uma manifestação inapropriada do afeto: Cuncic, Arlin. "Understanding Inappropriat Affect". *Verywell Mind*. Disponível em: https://www.verywellmind.com/understanding-inappropriate-affect-4767992. Acessado em: 5 fev. 2022.

formação de vínculos é primitiva: Cook, Gareth. "Why We Are Wired to Connect". *Scientific American*. Disponível em: https://www.scientificamerican.com/article/why-we-are-wired-to-connect/. Acessado em: 5 fev. 2022.

insônia e pensamentos intrusivos: Raypole, Crystal. "Let It Out: Dealing With Repressed Emotions". *Healthline*. Disponível em: https://www.healthline.com/health/repressed-emotions#takeaway. Acessado em: 5 fev. 2022.

Capítulo 6 – Como reclamar com eficácia

a vida que desejamos: Hurst, Katherine. "Do You Have a 'Low' or 'High' Vibration? Read These 32 Signs". *TheLawOfAttraction.com*. Disponível em: https://www.thelawofattraction.com/low-high-vibration-read-32-signs/. Acessado em: 5 fev. 2022.

empatia no ouvinte: Kowalski, Robin M. "Complaints and Complaining: Functions, Antecedents, and Consequences". *Psychological Bulletin* 119, n. 2, 1996, p. 179-96. Disponível em: https://doi.org/10.1037/0033-2909.119.2.179. Acessado em: 5 fev. 2022.

fomos expostos: Kowalski, Robin M. "Complaints and Complaining: Functions, Antecedents, and Consequences". *Psychological Bulletin* 119, n. 2, 1996, p. 179-96. Disponível em: https://doi.org/10.1037/0033-2909.119.2.179. Acessado em: 5 fev. 2022.

aborrecimento sobre alguma coisa: Kowalski, Robin M. "Complaints and Complaining: Functions, Antecedents, and Consequences". *Psychological Bulletin* 119, n. 2, 1996, p. 179-96. Disponível em: https://doi.org/10.1037/0033-2909.119.2.179. Acessado em: 5 fev. 2022.

reclamações também pode virar um desafio: Stillman, Jessica. "Complaining Is Terrible for You, According to Science". *Inc*. Disponível em: https://www.inc.com/jessica-stillman/complaining-rewires-your-brain-for-negativity-science-says.html. Acessado em: 5 fev. 2022.

acontecimentos sem importância do dia anterior: Varma, Barbara Neal. "Complaining, for Your Health". *The Atlantic*. Disponível em: https://

www.theatlantic.com/health/archive/2015/02/complaining-for-your-health/385041/. Acessado em: 5 fev. 2022.

os outros se sentem em relação a nós: Kowalski, Robin M. "Complaints and Complaining: Functions, Antecedents, and Consequences". *Psychological Bulletin* 119, n. 2, 1996, p. 179-96. Disponível em: https://doi.org/10.1037/0033-2909.119.2.179. Acessado em: 5 fev. 2022.

discutir eventos positivos: Kowalski, Robin M. "Complaints and Complaining: Functions, Antecedents, and Consequences". *Psychological Bulletin* 119, n. 2, 1996, p. 179-96. Disponível em: https://doi.org/10.1037/0033-2909.119.2.179. Acessado em: 5 fev. 2022.

pessoas que as compartilham: Kowalski, Robin M. "Complaints and Complaining: Functions, Antecedents, and Consequences". *Psychological Bulletin* 119, n. 2, 1996, p. 179-96. Disponível em: https://doi.org/10.1037/0033-2909.119.2.179. Acessado em: 5 fev. 2022.

principais razões pelas quais reclamamos: Kowalski, Robin M. "Complaints and Complaining: Functions, Antecedents, and Consequences". *Psychological Bulletin* 119, n. 2, 1996, p. 179-96. Disponível em: https://doi.org/10.1037/0033-2909.119.2.179. Acessado em: 5 fev. 2022.

responsabilizar as pessoas pelo próprio comportamento: Kowalski, Robin M. "Complaints and Complaining: Functions, Antecedents, and Consequences". *Psychological Bulletin* 119, n. 2, 1996, p. 179-96. Disponível em: https://doi.org/10.1037/0033-2909.119.2.179. Acessado em: 5 fev. 2022.

rejeitando qualquer solução proposta: Varma, Barbara Neal. "Complaining, for Your Health". *The Atlantic*. Disponível em: https://www.theatlantic.com/health/archive/2015/02/complaining-for-your-health/385041/. Acessado em: 5 fev. 2022.

reclama da reclamação: Kowalski, Robin M. "Complaints and Complaining: Functions, Antecedents, and Consequences". *Psychological Bulletin* 119, n. 2, 1996, p. 179-96. Disponível em: https://doi.org/10.1037/0033-2909.119.2.179. Acessado em: 5 fev. 2022.

ofuscar sua reclamação com a reclamação de outros: Kowalski, Robin M. "Complaints and Complaining: Functions, Antecedents, and Consequences". *Psychological Bulletin* 119, n. 2, 1996, p. 179-96. Disponível em: https://doi.org/10.1037/0033-2909.119.2.179. Acessado em: 5 fev. 2022.

desencadeia mais sofrimento: Cuncic, Arlin. "What Is Radical Acceptance?". *Verywell Mind*. Disponível em: https://www.verywellmind.com/what-is-radical-acceptance-5120614. Acessado em: 5 fev. 2022.

para um lugar de aceitação: Linehan, Marsha M. *DBT Skills Training Manual*. 2.ed. Nova York: Guilford Publications, 2014.

Reclamar é mais eficaz: Kowalski, Robin M.; Allison, Brooke; Giumetti, Gary W.; Turner, Julia; Whittaker, Elizabeth; Frazee, Laura; Stephens, Justin. "Pet Peeves and Happiness: How Do Happy People Complain?" *Journal of Social Psychology* 154, n. 4, 13 de dezembro de 2013, p. 278-82. Disponível em: https://doi.org/10.1080/00224545.2014.906380. Acessado em: 5 fev. 2022.

Capítulo 7 – Como apoiar alguém

não passaram de um acidente: "Pain Is More Intense When Inflicted on Purpose". *Harvard Gazette*. Disponível em: https://news.harvard.edu/gazette/story/2008/12/pain-is-more-intense-when-inflicted-on-purpose/. Acessado em: 5 fev. 2022.

o impacto ser o mesmo: Tannenbaum, Melanie. "'But I Didn't Mean It!' Why It's so Hard to Prioritize Impacts over Intents". *Scientific American*.

Disponível em: https://blogs.scientificamerican.com/psysociety/e2809cbut-i-didne28099t-mean-ite2809d-why-ite28099s-so-hard-to-prioritize-impacts-over-intents/. Acessado em: 5 fev. 2022.

ameaça é real ou não: Hamilton, David R. "Does Your Brain Distinguish Real from Imaginary?". *Dr. David R Hamilton, PhD*. Disponível em: https://drdavidhamilton.com/does-your-brain-distinguish-real-from-imaginary/. Acessado em: 5 fev. 2022.

ameaçadores [estímulos]: Ito, Tiffany A.; Larsen, Jeff T.; Smith, N. Kyle; Cacioppo, John T. "Negative Information Weighs More Heavily on the Brain: The Negativity Bias in Evaluative Categorizations". *Journal of Personality and Social Psychology* 75, n. 4, 1998, p. 887-900. Disponível em: https://doi.org/10.1037/0022-3514.75.4.887. Acessado em: 5 fev. 2022.

responderem às reclamações: Kowalski, Robin M. "Complaints and Complaining: Functions, Antecedents, and Consequences". *Psychological Bulletin* 119, n. 2, 1996, p. 179-96. Disponível em: https://doi.org/10.1037/0033-2909.119.2.179. Acessado em: 5 fev. 2022.

Capítulo 8 – Discriminar com um sorriso

esquecer todo o resto: Canfield, Jack. "Using the Law of Attraction for Joy, Relationships, Money & Success". *Jack Canfield: Maximizing Your Potential*. Disponível em: https://www.jackcanfield.com/blog/using-the-law-of-attraction/. Acessado em: 5 fev. 2022.

negativamente a evolução: Yakushko, Oksana. *Scientific Pollyannaism: From Inquisition to Positive Psychology*. Springer, 2019.

infelicidade de toda a sociedade: Yakushko, Oksana. *Scientific Pollyannaism: From Inquisition to Positive Psychology*. Springer, 2019.

em nome da busca da felicidade: Yakushko, Oksana. *Scientific Pollyannaism: From Inquisition to Positive Psychology*. Springer, 2019.

algo precisava ser feito: Yakushko, Oksana. *Scientific Pollyannaism: From Inquisition to Positive Psychology*. Springer, 2019.

adoecem cada vez mais? Hicks, Esther & Hicks, Jerry. *The Law of Attraction: The Basics of the Teachings of Abraham*. Hay House, Inc., 2006.

nossa saúde geral: "Determinants of Health". Office of Disease Prevention and Health Promotion. Disponível em: https://www.healthypeople.gov/2020/about/foundation-health-measures/Determinants-of-Health. Acessado em: 5 fev. 2022.

nossa própria mortalidade e saúde: Ahmed, Sara. *The Promise of Happiness*. Duke University Press, 2010.

persistiram ao longo do tempo: Ahmed, Sara. "Killing Joy: Feminism and the History of Happiness". *Signs: Journal of Women in Culture and Society* 35, n. 3, 2010, p.571-94. Disponível em: https://doi.org/10.1086/648513. Acessado em: 5 fev. 2022.

comprometessem a busca da felicidade: Yakushko, Oksana. *Scientific Pollyannaism: From Inquisition to Positive Psychology*. Springer, 2019.

ameaçasse a felicidade geral: Yakushko, Oksana. *Scientific Pollyannaism: From Inquisition to Positive Psychology*. Springer, 2019.

felicidade da família inteira: Ahmed, Sara. *The Promise of Happiness*. Duke University Press, 2010.

Liberta-se do lar: Ahmed, Sara. "Killing Joy: Feminism and the History of Happiness". *Signs: Journal of Women in Culture and Society* 35,

n. 3, 2010, p. 571-94. Disponível em: https://doi.org/10.1086/648513. Acessado em: 5 fev. 2022.

para aliviar o fardo das brancas: Ahmed, Sara. *The Promise of Happiness*. Duke University Press, 2010.

gera insatisfação: Ahmed, Sara. *The Promise of Happiness*. Duke University Press, 2010.

vende a promessa de felicidade, saúde e magreza: "How Dieting Became a $71 Billion Industry". *CNBC*. Disponível em: https://www.cnbc.com/video/2021/01/11/how-dieting-became-a-71-billion-industry-from-atkins-and-paleo-to-noom.html. Acessado em: 5 fev. 2022.

está lucrando com minha insegurança?": Marley-Henschen, Holly. "'Who Is Profiting off of My Insecurity?'". *Tone Madison*. Disponível em: https://www.tonemadison.com/articles/who-is-profiting-off-of-my-insecurity. Acessado em: 5 fev. 2022.

situações de ansiedade e depressão: Weingus, Leigh. "Inside the Body Image Movement That Doesn't Focus on Your Appearance". *Huff Post*. Disponível em: https://www.huffpost.com/entry/what-is-body-neutrality_n_5b61d8f9e4b0de86f49d31b4. Acessado em: 5 fev. 2022.

contradita em muitos estudos: Yakushko, Oksana. *Scientific Pollyannaism: From Inquisition to Positive Psychology*. Springer, 2019.

a menos tristeza: Kushlev, Kostadin; Dunn, Elizabeth W.; Lucas, Richar E. "Higher Income Is Associated with Less Daily but Not More Daily Happiness". *Social Psychological and Personality Science* 6, n. 5, 2015, p. 483-89. Disponível em: https://doi.org/10.1177/1948550614568161. Acessado em: 5 fev. 2022.

de jeito nenhum seria feliz: Ahmed, Sara. *The Promise of Happiness*. Duke University Press, 2010.

será feliz: Ahmed, Sara. *The Promise of Happiness*. Duke University Press, 2010.

Capítulo 9 – Como encontrar realização em um mundo tão complicado

menos felizes ficam: Mauss, Iris B., Anderson, Craig L., Savino, Nicole S. "Can Wanting to Be Happy Make People Unhappy? Paradoxical Effects of Valuing Happiness". *PsycEXTRA Dataset* 11, n. 4, agosto de 2011, p. 807-15. Disponível em: https://doi.org/10.1037/e634112013-296. Acessado em: 5 fev. 2022.

mas não estamos mais felizes: Whippman, Ruth. "Americans Are Spending a Fortune on Finding Happiness and Becoming Less Happy in the Process". *Quartz*. Disponível em: https://qz.com/803055/america-the-anxious-americans-are-spending-a-fortune-on-finding-happiness-and-becoming-less-happy-in-the-process/. Acessado em: 5 fev. 2022.

quase não mudaram: Lush, Tamara. "Poll: Americans Are the Unhappiest They've Been in 50 Years". Associated Press. Disponível em: https://apnews.com/article/virus-outbreak-health-us-news-ap-top-news-racial-injustice-0f6b9be04fa0d3194401821a72665a50. Acessado em: 5 fev. 2022.

sofrimento que sentimos: Zhang, Chun-Qing; Leeming, Emily; Smith, Patrick; Chung, Pak-Kwong; Hagger, Martin S.; Hayes, Steven C. "Acceptance and Commitment Therapy for Health Behavior Change: A Contextually-Driven Approach". *Frontiers in Psychology* 8, 2018. Disponível em: https://doi.org/10.3389/fpsyg.2017.02350. Acessado em: 5 fev. 2022.

não nos sentiremos mais motivados: Oettingen, Gabriele. *Rethinking Positive Thinking: Inside the New Science of Motivation*. Current, 2015.

processo de espera: Oettingen, Gabriele. *Rethinking Positive Thinking: Inside the New Science of Motivation*. Current, 2015.

explorar caminhos possíveis: Oettingen, Gabriele. *Rethinking Positive Thinking: Inside the New Science of Motivation*. Current, 2015.

Kool Aid é uma marca registrada de Kraft Foods,Inc. / Valium é uma marca registrada da Roche / Centro de Pesquisa Pew (Pew Research Center) e Pew Charitable Trusts são marcas registradas de The Pew Charitable Trusts / Gallup é uma marca registrada da Gallup, Inc. / Google é uma marca registrada de Google, LLC. / General Social Survey é uma marca registrada de NORC na Universidade de Chicago / Hallmark é uma marca registrada da Hallmark / Instagram é uma marca registrada de Facebook, Inc. / iPhone é uma marca registrada da Apple, Inc. / Pinterest é uma marca registrada do Pinterest / Post-it é uma marca registrada da 3M / Scientific American é uma marca registrada da Springer Nature America, Inc. / The New York Times é uma marca registrada de The New York Times Company. Todos os direitos reservados.

Esta obra foi composta em Sabon LT Std
e Plantin MT Pro e impressa em papel
Avena 70 g/m² pela Visão Gráfica.